Rechtschreiben: Alles klar!

Lern- und Übungsheft **1** *für das 5./6. Schuljahr*

Erarbeitet von: Peter Kohrs
Illustriert von: Barbara Schumann

Cornelsen

Inhalt

Rechtschreiben trainieren

Groß- und Kleinschreibung

Schreibung langer Vokale (Dehnung)

Schreibung nach kurzem Vokal (Schärfung)

Leicht verwechselbare Konsonanten

Inhalt

Schreibung der s-Laute

Schreibung der f-Laute

Schwierige Lautverbindungen

Leicht verwechselbare Vokale

das oder dass?

Wörtliche Rede

Kommas richtig setzen

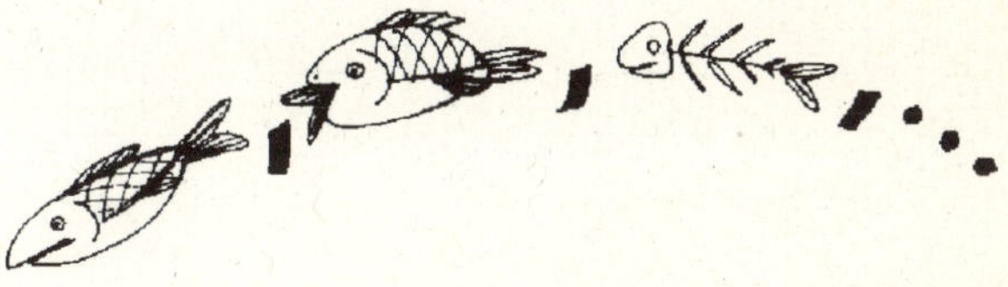

Worttrennung am Zeilenende

Diktate zum Üben

Wörterliste

Tipps, Tricks und Techniken

Die Tipps geben dir Hinweise, auf welche Weise du die richtige Schreibung und Zeichensetzung am besten erkennen und üben kannst.

Tipp 1: *Lies genau und schreibe sorgfältig, präge dir dabei die richtige Schreibweise ein!*

1. *In dem Zeitungsbericht sind schwierig zu schreibende Wörter unterstrichen. Merke dir diese Wörter, indem du jedes genau liest, dann abdeckst, auswendig buchstabierst und anschließend aufschreibst. Kontrolliere.*

Katze nach fünf Tagen befreit

Die Berufsfeuerwehr von Frankfurt kann selbst Katzen im Klettern etwas beibringen. Sie holte ein junges Kätzchen aus der Krone eines Ahornbaumes, das dort fünf Tage lang kläglich miauend ausgehalten hatte, weil es sich nicht heruntertraute.
Eine Leiterbühne konnte in dem Waldstück nicht eingesetzt werden. Daher mussten sich die Feuerwehrmänner am Stamm hinaufbewegen, um das Tier aus 20 Meter Höhe zu bergen. Der abgemagerte kleine Stubentiger wurde anschließend einem Tierfreund zur Pflege übergeben.

2. *Du kannst dir die Wörter auch merken, indem du ihre Umrisse zeichnest.*
Ordne die Wörter den Umrissen zu:

Ahornbaum, Feuerwehrmänner, Stubentiger, anschließend

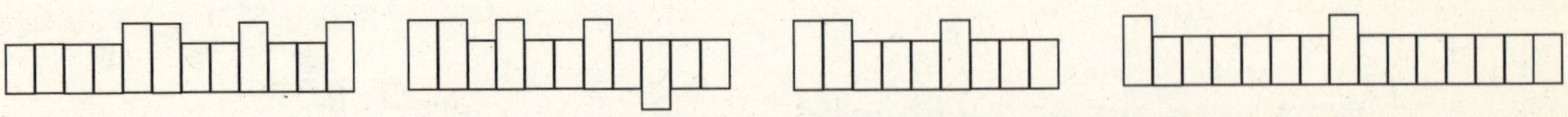

3. *Welche Wörter stecken in den folgenden Wörtern? Mache sie durch Umkreisen kenntlich.*

Dickicht, Lehrerin, Mauseloch, vereinfachen,
Berufsfeuerwehr, aufgehalten, hinaufbewegen

Tipps, Tricks und Techniken

4. *Welche Nomen (Substantive, Namenwörter) stecken in den folgenden Wörtern?*

beurlauben ...... der Urlaub

veranstalten ....

der Kleber ....

der Schund ....

der Schlamm ....

der Brand ....

der Graben ....

5. *In diesem Satz gehen die Wortgrenzen ineinander über. Markiere Einzelwörter durch einen senkrechten Strich.*

BeidiesemSatzmusstdusehrgenauhinsehen,sonstentdeckstdudieeinzelnenWörternichtun dhastSchwierigkeitenmitdemEntschlüsseln.

Tipp 2: *Sprich deutlich, höre genau hin!*

6. *Hörst du es heraus? Wird der betonte Vokal (Selbstlaut) lang oder kurz ausgesprochen? Kennzeichne den kurzen betonten Vokal (Selbstlaut) durch einen Punkt und markiere den folgenden Doppelkonsonanten (Doppelmitlaut) farbig.*

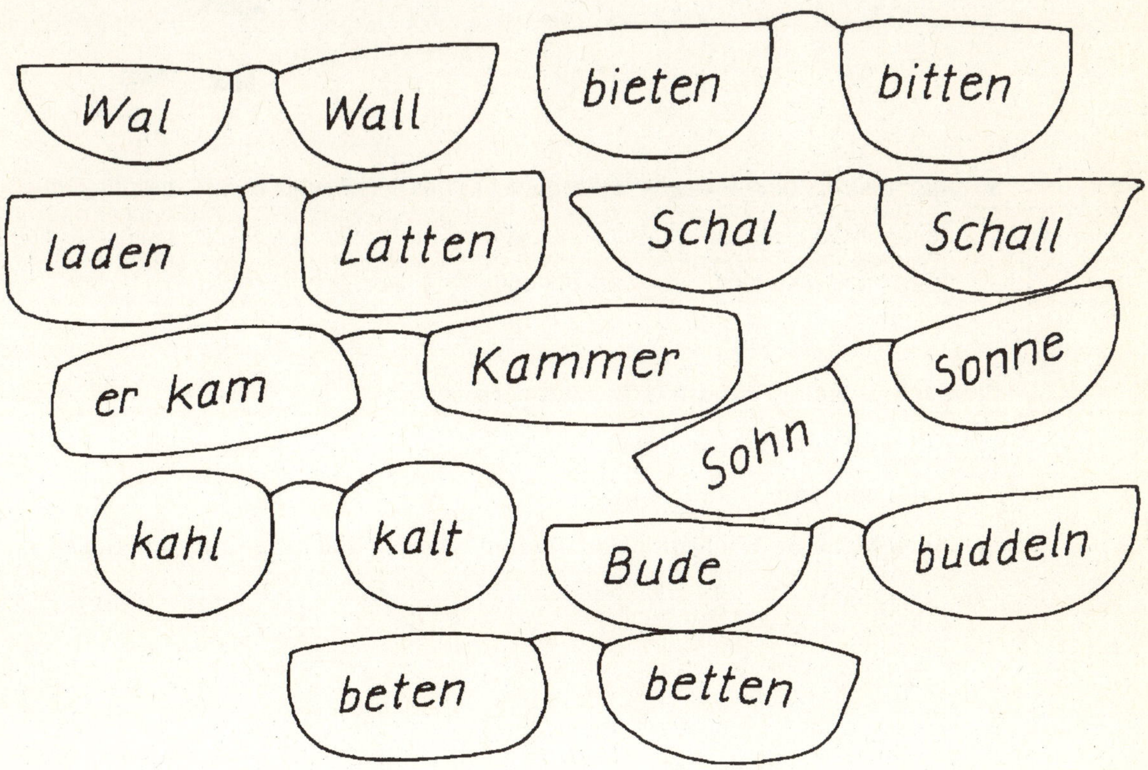

Tipps, Tricks und Techniken

7. *Weich oder hart ausgesprochen? Trage den passenden Konsonanten (Mitlaut) ein.*

G/g oder K/k?

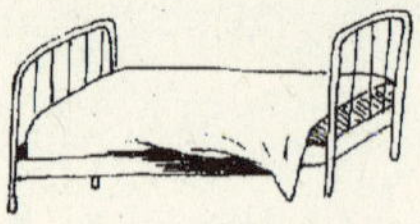

sie la......en / das La......en

die ......rippe  / die ......rippe

B/b oder P/p?

......ein / ......ein 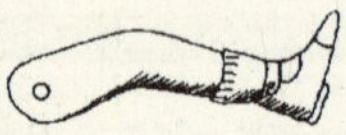

......acken  / ......acken

s oder ß?

rei......en / rei......en 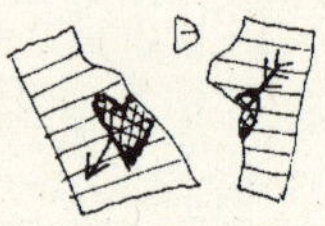

Ma......ern  / Ma......e

D/d oder T/t?

......orf  / ......orf

......aten  / ......aten

8. *Auch Vokale (Selbstlaute) kann man verwechseln.*
Lies laut und trage ein: i (ie) oder ü? ei oder eu?

K......ste / K......ste 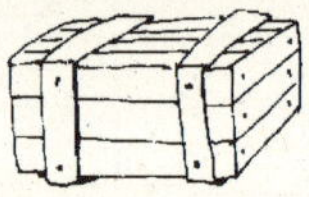

v......r / f......r

h......len / h......len 

l......gen / l......gen 

9. *Auch bei der Kommasetzung helfen dir deutliches Sprechen und dein Sprachgefühl.*
Lies die folgenden Sätze langsam und deutlich. An bestimmten Stellen machst du eine kleine Pause.
Setze dort ein Komma. Die Anzahl der Kommas ist am Rand vermerkt.

|| Uschi meine Freundin ist zurzeit verreist.

| Hilfst du mir mal Johanna?

| Hallo wie geht es dir?

| Ich gehe heute Nachmittag zu Jochen einem Mitschüler aus der Klasse 5a.

Tipps, Tricks und Techniken

Tipp 3: *Erkläre die Schreibung der Wörter, indem du verlängerst oder ableitest (Wortfamilien bildest)!*

10. *Hier ist die Schreibung von Wörtern durch* ***Verlängern*** *erklärt.*
Trage die Wortpaare unter der richtigen Überschrift ein.

Band – Bänder, eng – ein enger Mantel, herb – herber, sie ging – sie gingen, weit – weiter, er hob – sie heben, er biegt ab – abbiegen, Berg – Berge, Rad – Räder, Haus – Häuser

Nomen (Substantiv, Namenwort): Plural (Mehrzahl) bilden

Band – Bänder, ...

....

....

....

Adjektiv (Eigenschaftswort): mit einem Nomen (Substantiv, Namenwort) beugen oder steigern

eng – ein enger Mantel ....

....

....

....

Verb (Zeitwort): eine andere Form bilden

sie ging – sie gingen ....

....

....

....

11. *Erkläre selbst und schreibe das entsprechende Wortpaar in die passende Zeile.*

hart, er harkt, lang, sie springt, Zwerg, sie lobten, Land, er holt, er hupt, bunt, rund, sie hebt, er rast, es bläst, Gras, Los, Rat, er raubt, die Wand, sie fängt

Tipps, Tricks und Techniken

12. *Hier kannst du die Schreibung durch ein verwandtes Wort der Wortfamilie* ***ableiten****.*
Unterstreiche die entsprechenden Buchstaben.

	verwandte Wörter
die Fähre	fahren, Fahrbahn
färben	
das Täubchen	
säubern	
sie läuft	
die Bäuerin	
die Bände	
das Gemäuer	
die Kämme	
der Wärter	

Tipp 4: *Wende Regeln und grammatisches Wissen an!*

13. *In dem folgenden Satz ist ein wichtiger grammatischer Sachverhalt, den man zur Schreibung einer bestimmten Wortart kennen sollte, nicht berücksichtigt worden.*

In diesem satz stimmt etwas nicht mit der rechtschreibung, er enthält drei fehler.

Ergänze die Regel.

.... schreibt man ....

14. *Korrigiere jetzt den Satz. Streiche die falsch geschriebenen Buchstaben durch und schreibe die richtigen darüber.*

Tipps, Tricks und Techniken

15. *Ergänze die folgenden Buchstaben in den Wörterreihen. Es hilft dir, wenn du zunächst die Regeln unten liest und den jeweils passenden Buchstaben in das Kästchen schreibst.*

☐ *Entscheide: z oder tz? k oder ck?*

Her……, Bä……er, Wal……e, He……e, Kle……s, Wi……, Kran……

☐ *Trenne so oft wie möglich durch einen senkrechten Strich:*

überraschen, rascheln, schnarchen, auslachen, Aktentasche

☐ *Setze die fehlenden Kommas.*

Magst du lieber einen Apfel eine Birne oder eine Banane?
Corinna weiß noch nicht, ob sie heute zum Schwimmen geht in die Bücherei fährt oder Tennis spielt.

☐ *Trage den passenden s-Laut ein: s? ss? ß?*

lei……e, Rei……e, sau……en, Glä……er, Wie……el, bö……e, E……el

☐ *Groß oder klein? Streiche den falschen Buchstaben durch.*

Ich wünsche dir alles g/Gute.
Es gibt wenig N/neues zu berichten.
Sie entdeckte allerlei s/Schönes.

a Trenne nie ch und sch, denn die beiden sind ein Paar.

b Nach l, n, r, das merke ja, steht nie tz und nie ck! *(Vergleiche Regel Seite 42.)*

c Aufzählungen werden durch ein Komma getrennt. Vor *und* und *oder* steht kein Komma.

d Adjektive (Eigenschaftswörter) werden zu Nomen (Substantiven, Namenwörtern) nach Wörtern wie etwas, wenig, nichts, allerlei.

e Ein weich oder gesummt ausgesprochenes s im Inlaut eines Wortes wird immer mit einfachem s geschrieben.

Tipps, Tricks und Techniken

Wenn du unsicher bist, gilt immer wieder der „Tipp der Tipps":

Tipp 5: *Schau im Wörterbuch nach!*

16. *Mit den folgenden Übungen kannst du dich testen, ob du das Alphabet beherrschst und ob du dich in dem Wörterbuchausschnitt schnell zurechtfinden kannst.*
Ordne die folgenden Wörter nach ihrer alphabetischen Reihenfolge, indem du in dem Kästchen nummerierst.

- ☐ Konzentrat
- ☐ Cafeteria
- ☐ Saison
- ☐ Saisonbeginn
- ☐ konzentriert
- ☐ Konzentration
- ☐ Saisoneröffnung
- ☐ konzentrisch
- ☐ Saisonarbeiter
- ☐ saisonweise
- ☐ Saisonende
- ☐ Saisonarbeiterin

17. *Streiche die falschen Schreibungen durch. Informiere dich in den Wörterbuchausschnitten unten.*

Als er eine halbe Stunde zugehört hatte, nahm seine Konzentrazion / Konzentration / Konzentratieon langsam ab.

In dem Kafe / Kaffee / Café bestellte sie sich ein Stück Kuchen.

Die Saison / Säson / Sehson in dem Urlaubsort war mit dem Monat September zu Ende.

Cae|sar ['tsɛ:...] *vgl.* ¹Cäsar
Cae|si|um ['tsɛ:...] *vgl.* Zäsium
Ca|fard [kafa:r], der; -s ‹franz.› (*schweiz. für* Unlust, Überdruss)
Ca|fé [ka'fe:], das; -s, -s ‹franz.› (Kaffeehaus, -stube); *vgl.* Kaffee; **Ca|fé comp|let** [kafe kõ'plɛ], der; - -, -s -s (*schweiz. für* Kaffee mit Milch, Brötchen, Butter und Marmelade); **Ca|fé crème** [kafe 'krɛ:m], der; - -, -s - (*schweiz. für* Kaffee mit Sahne); **Ca|fe|te|ri̲a**, die; -, *Plur.* -s *u.* ..i̲en ‹amerik.-span.› (Café od. Restaurant mit Selbstbedienung); **Ca|fe|tier** [...'ti̯e:], der; -s, -s ‹franz.› (*veraltet für* Kaffeehausbesitzer); **Ca|fe|tie|re** [...'ti̯e:rə], die; -, -n (*veraltet für* Kaffeehauswirtin; *auch für* Kaffeekanne)

kon|ze|di̲e|ren ‹lat.› (zugestehen, einräumen)
Kon|ze|le|bra|ti|o̲n, die; -, -en ‹lat.› (*kath. Kirche* gemeinsame Eucharistiefeier durch mehrere Geistliche); **kon|ze|le|bri̲e|ren**
Kon|zen|tra̲t, das; -[e]s, -e ‹lat.; griech.› (angereicherter Stoff, hochprozentige Lösung; hochprozentiger [Frucht- od. Pflanzen]auszug; Zusammenfassung); **Kon|zen|tra|ti|o̲n,** die; -, -en (Zusammenziehung [von Truppen]; [geistige] Sammlung; *Chemie* Gehalt einer Lösung); **Kon|zen|tra|ti|o̲ns‿fä|hig|keit** (die; -), **...la|ger** (*Abk.* KZ), **...man|gel** (der), **...schwä|che**; **kon|zen|tri̲e|ren** ([Truppen] zusammenziehen, vereinigen; *Chemie* anreichern, gehaltreich machen); sich - (sich [geistig] sammeln);

Sai|son [zɛ'zɔŋ, *auch* sɛ'zõ:, *österr. auch* zɛ'zo:n], die; -, *Plur.* -s, *österr. auch* ...o̲nen ‹franz.› (Hauptbetriebs-, Hauptreise-, Hauptgeschäftszeit, Theaterspielzeit); **sai|son|ab|hän|gig; sai|so|nal** [...zo'na:l]; **Sai|son‿ar|beit, ...ar|bei|ter, ...auf|takt, ...aus|ver|kauf** (Winter-, Sommerschlussverkauf); **sai|son|be|dingt; Sai|son|be|ginn**, der; -s; **sai|son|be|rei|nigt** *(Amtsspr.);* **Sai|son‿be|trieb, ...en|de** (das; -s), **...er|öff|nung, ...in|dex** *(Wirtsch.),* **...kre|dit** *(Bankw.),* **...schluss, ...wan|de|rung** (saisonbedingte Wanderung von Arbeitskräften); **sai|son|wei|se**
Sa̲i|te, die; -, -n (gedrehter Tierdarm, Metall od. Kunststoff [zur Bespannung von Musikinstru-

Nomen (Substantive) werden großgeschrieben

Satzanfänge und Nomen (Substantive)

Als die elfjährige Anna Krüger aus den Osterferien zurückkommt, versucht sie am Computer ein kleines Ferientagebuch zu verfassen. Beim Ausdrucken kommt folgender Text heraus:

samstag, 8. 4.
heutesolleslosgehenwirfreuenunsschonaufdieferienanderostseeeig
entlichwollenwirschonfrühaufderautobahnseinaberausdiesemvorsatzwirdnichtsmei
nemuttermussnochschnellzurdrogerieundmeinvatermussnocheinbuchvombuchhänd
lerholen,daserindenferienlesenwillmeinem7-
jährigenbruderlukasfälltein,dassernocheinenfußball,einealteschippeundseinenneue
nlenkdrachenmitnehmenwilldiekoffersindauchnochnichtgepacktsowirdesmittag,bis
wirimautositzen
alswirfünfminutengefahrensindundfastdieautobahnauffahrterreichthaben,fälltmutti
ein,dasssieihresonnenbrilleundihrenföhnvergessenhatsofahrenwirnocheinmalzurüc
kweildieautobahnleerist,sindwirtrotzdemamspätnachmittaganunseremurlaubsortan
derostsee

1. *Offensichtlich hat Anna beim Schreiben einiges falsch gemacht.*
Lies den Text langsam und genau, setze an den Satzenden Punkte und korrigiere die Satzanfänge.

2. *Unterstreiche alle Nomen im Text. Es sind mit Eigennamen 27. Verbessere ihre Anfangsbuchstaben.*

Satzanfänge und Nomen (Substantive, Namenwörter) schreibt man groß, alle anderen Wortarten schreibt man klein.

Vor Nomen kann ein Artikel (Geschlechtswort) stehen:
der Sand, ein Schiff

TIPP 4

3. *Schreibe den Text in der üblichen Form der Groß- und Kleinschreibung in dein Heft.*

Nomen (Substantive) werden großgeschrieben

Das Nomen (Substantiv) und seine Begleiter

4. *Unterstreiche die Nomen (Substantive).*
Die Anzahl wird vor jeder Zeile mit einem Strich angezeigt. Auch die Eigennamen gehören dazu.

| SONNTAG, 9. 4.
|| BEREITS DER ERSTE FERIENTAG AN DER OSTSEE IST EIN WUNDERSCHÖNER
||| SONNENTAG. WIR SITZEN NOCH GEMÜTLICH AM KAFFEETISCH, DA RAST LUKAS
| SCHON RAUS. ER WILL NÄMLICH WISSEN, OB WENIGSTENS EIN WENIG WIND DA IST
| FÜR SEINEN LENKDRACHEN.
|| LUKAS WILL SO SCHNELL WIE MÖGLICH AN DEN STRAND. ALS WIR ENDLICH
| GEHEN, NEHME ICH NOCH MEINEN SCHÖNEN ROTEN BALL MIT. ICH BIN NÄMLICH
|| EINE TOLLE HANDBALLSPIELERIN. AN UNSERER SCHULE SPIELE ICH IN DER
|| MANNSCHAFT DER UNTERSTUFE MIT.

Bestimmte Artikel:
der, die, das
Unbestimmte Artikel:
ein, eine

5. *Schreibe aus dem Text die Nomen (Substantive) heraus.*
Setze, außer bei den Eigennamen, den bestimmten Artikel davor.

der Sonntag ……………………………………

……………………………………

……………………………………

6. *Hier ist der Artikel in einem anderen Wort versteckt. Ergänze und unterstreiche den Artikel.*

Im …… (in dem ……) …… Schwimmbad am …… (……) …… Strand

beim …… (……) …… Steg zum …… (……) …… Hafen

7. *Unterstreiche im Text oben die Artikel, die zu den Nomen (Substantiven) gehören.*

Der bestimmte oder unbestimmte Artikel gehört im Satz immer zu einem Nomen (Substantiv), auch wenn andere Wörter dazwischen stehen.

Nomen (Substantive) werden großgeschrieben

8. *Kennzeichne wie im Beispiel.*

ein ziemlich schwacher Wind

mit einem tollen Lenkdrachen

der wunderschöne Ferientag

eine direkt am Strand gebaute riesengroße Sandburg

der erste Ferientag

an dem nahen Strand

Das Nomen (Substantiv) kann man im Satz auch an anderen Begleitern erkennen:
Adjektiv: das **schöne** Wetter *Pronomen:* **mein** Drachen *Zahlwort:* beim **ersten** Ausflug

9. *Unterstreiche alle Wörter, die das Nomen (Substantiv) begleiten.*

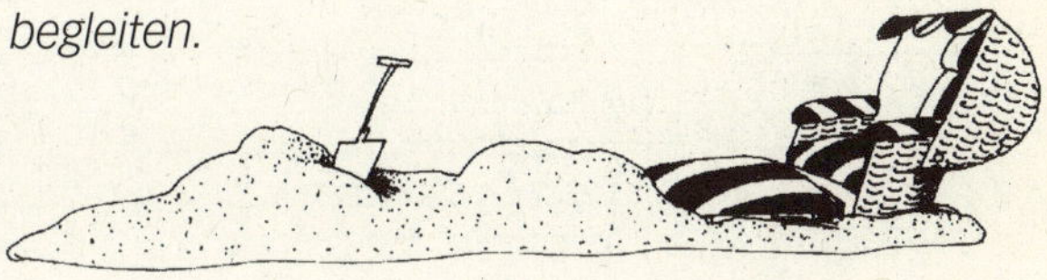

ein schöner Tag,

der letzte Strandkorb, eine lange Promenade, seine weiße Muschel, ihr roter Ball,

mein erster Spaziergang, diese Brücke, die große weiße Möwe, fünf Tage

10. *Ordne Wörter, die das Nomen (Substantiv) begleiten können, in die folgende Tabelle ein. Nutze die Beispiele in den Aufgaben 4, 8 und 9.*

Artikel (Begleiter)	Pronomen (Fürwort)	Zahlwort	Adjektiv (Eigenschaftswort)
(an) dem			wunderschönen

Nomen (Substantive) werden großgeschrieben

Nomen (Substantive) an ihren Nachsilben erkennen

11. *Bilde aus den Wörtern auf der linken Seite mit Hilfe der Nachsilben Nomen (Substantive).*
Manchmal musst du dabei einen Buchstaben / eine Silbe ändern, hinzufügen oder auch weglassen.

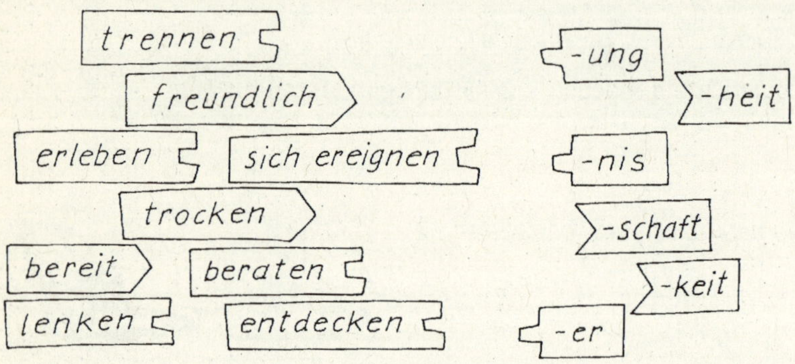

TIPP 4

12. *Kannst du jetzt Nomen (Substantive) von anderen Wortarten unterscheiden?*
Streiche alle Wörter durch, die keine Nomen (Substantive) sind und deshalb kleinzuschreiben sind.

STRANDWÄRTER – TROCKENHEIT – WASSER– SCHWIMMEN – WECHSELHAFT – BEWÄSSERUNG – VERSCHMUTZT– EISVERKÄUFER – REGEN – WARM – BUDDELN – DÜNE – STEINE – WIR – TROCKEN – DIESE – MEIN – ERSTER – HAST – FLIEGT – GLITSCHIG – MONTAGS – VERKAUFT – SCHREIEN – BÖSE – WELLE

13. *Schreibe alle Nomen (Substantive) aus Aufgabe 12 mit ihrem bestimmten Artikel auf.*

Als Nomen (Substantive) gebrauchte Wörter

Als Nomen (Substantive) gebrauchte Verben

Verben schreibt man normalerweise klein: laufen, er springt

14. *Unterstreiche in den Schildern alle großgeschriebenen Verbformen.*

Verben im Infinitiv können im Satz zu Nomen (Substantiven) werden und sind dann großzuschreiben:

a) *Ein Artikel steht davor:* **das** Laufen / **ein** Schreien

b) *Das Verb steht allein; man könnte aber auch einen Artikel davor setzen:*

Am Strand macht Buddeln Spaß.

Am Strand macht **das** Buddeln Spaß.

c) *Eine Präposition (Verhältniswort) mit Artikel* (am, beim, vom, zum, im) *steht davor:*

beim Laufen – **bei dem** Laufen

Als Nomen (Substantive) gebrauchte Wörter

15. *Setze bei den Äußerungen jeweils ein großzuschreibendes Verb ein. Wähle eine der drei Möglichkeiten: a) Verb mit Artikel, b) Verb allein, c) Verb mit Präposition und Artikel.*

Unterlass doch bitte .... mit Sand! (werfen)

Vorsicht .... des Steges! (betreten)

.... gegen den Wind ist richtig anstrengend. (laufen)

.... von der Seebrücke ist nicht erlaubt. (springen)

Lass .... mit Wasser! (spritzen)

Auf den entsprechend ausgewiesenen Wegen mit roter Markierung ist

.... erlaubt. (reiten)

Das nominalisierte Verb kann, genauso wie das Nomen (Substantiv), auch von weiteren Wortarten begleitet werden – von einem Adjektiv und/oder von einem Pronomen.

16. *Kreise in den folgenden Äußerungen das großzuschreibende Verb ein, unterstreiche den oder die Begleiter.*

Dieses ewige Wandern wird mir aber langsam zu viel.

Langes Herumliegen im Strandkorb kann ich einfach nicht ausstehen.

An der Deicheinfahrt ist jegliches Abstellen von Fahrzeugen und Bootsanhängern strengstens verboten. Bei Zuwiderhandlungen wird das sofortige Abschleppen auf Kosten des Halters veranlasst. Durch das vorübergehende Abstellen kleiner Boote in Strandnähe dürfen Badegäste nicht behindert werden.

Als Nomen (Substantive) gebrauchte Wörter

17. *Setze in den Sprechblasentexten von Aufgabe 15 jeweils ein zusätzliches Adjektiv als Begleiter ein, z.B. blöd, schnell.*

....

....

....

....

18. *Entwirf selbst witzige Schilder für einen Spielplatz. In jedem Schild soll wenigstens ein nominalisiertes Verb großgeschrieben werden.*

Beispiel: *Beim Schaukeln bitte anschnallen und Türen schließen.*

TIPP 4

19. *„Reim dich oder ich fress dich!" Setze die passende Verbform ein. Beachte bei deinen Reimen: In jedem Reim wird eine nominalisierte Verbform groß- und eine Verbform kleingeschrieben.*

laufen, ziehen, steigen, lachen, buddeln, finden

Beim schnellen .... durch den Sand

.... Tina hinter sich ein Band.

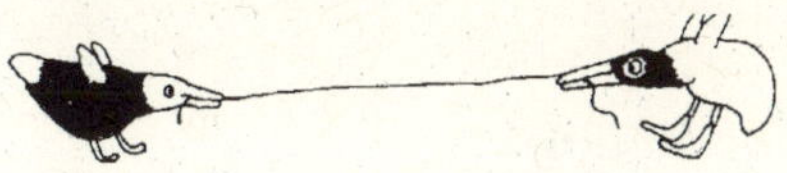

Es will nicht .... Julians Drachen,

das findet Tina sehr zum ....

Beim .... in dem tiefen Sand

Julian einen Bernstein ....

Als Nomen (Substantive) gebrauchte Wörter

20. *Forme die großzuschreibenden Verben zu Nomen (Substantiven) um.*

Es ist verboten, in den Dünen zu wandern und zu lagern. Das Wandern und Lagern in den Dünen ist verboten

Kirsten hat aufgehört zu rennen. Kirsten hat mit ……

Frau Krüger kommt nicht dazu, zu lesen. ……

Herr Krüger möchte das Sonnenbaden auch dazu nutzen, die Zeitung zu lesen. ……

Es ist verboten, die Buhnen zu betreten. ……

Es ist auf eigene Gefahr erlaubt, auf dem Landesschutzdeich mit dem Rad zu fahren.

……

Allerdings ist es nicht erlaubt, dort zu reiten oder zu zelten. ……

TIPP 4

21. *Das Verb – einmal klein-, einmal großgeschrieben. Setze richtig ein.*

Frau Krüger …… den Wagen unmittelbar am Strand. (parken)

Beim …… setzt sie vorsichtig zurück. (einparken)

Das dauernde …… auf der Promenade gefällt Tina nicht. (herumlaufen)

Sie möchte lieber barfuß im Wasser …… . (laufen)

Beim plötzlichen …… im Wellenschwimmbad verliert Tina ihre Badekappe. (tauchen)

Immer wenn eine Welle kommt, wollen die Kinder …… (tauchen)

Das …… an der Kasse des Wellenbades erledigt Frau Krüger. (bezahlen)

Die Extras im Schwimmbad muss man natürlich gesondert …… (bezahlen)

Als Nomen (Substantive) gebrauchte Wörter

Als Nomen (Substantive) gebrauchte Adjektive

Für schlechtes Wetter steht in der Ferienwohnung der Krügers ein Fernsehapparat zur Verfügung. Herr Krüger bringt dazu immer wieder einen seiner berühmten Hinweise: „Fernsehen garantiert noch keinen Weitblick!" Aber trotzdem haben Tina und Julian ihre Lieblingssendungen. Dies sind einige ihrer Filmtitel:

Nicht von schlechten Eltern
Die Schöne und das Biest
Die Gute und die Böse
Peppino und das flotte Leben
Mit den Faulen ist das Glück
Die verlorenen Paradiese
Im Süden nichts Neues
Frieda und der dünne Mann
Der gefährlichste Mann der Welt

Die zarte Lady aus der Westernbar
Alles Gute, kleine Pute

Das Neueste vom Tage
Die kleine Vera
Der tollkühne Reiter von Buffalo
Der Tollpatsch und die Kluge

Adjektive schreibt man normalerweise klein:
fröhlich, das witzige Bild

22. *Unterstreiche in den Filmtiteln alle großgeschriebenen Adjektive.*

Adjektive können im Satz auch als Nomen (Substantiv) gebraucht werden und sind dann großzuschreiben:
a) Ein Artikel steht davor: **Das Schönste** an den Ferien ist das lange Schlafen.
b) Ein unbestimmtes Zahlwort oder eine Mengenangabe (alles, viel, wenig, nichts, mancherlei) steht davor:
In den Ferien sehen wir **viel Neues.**

23. *Ordne alle Adjektive aus den Filmtiteln wie in folgenden Beispielen.*

Großschreibung nach einem Artikel: die Schöne, ...

....

nach einer Mengenangabe: nichts Neues, ...

....

Als Nomen (Substantive) gebrauchte Wörter

Kleinschreibung: von schlechten Eltern, ...

....

....

24. *Bilde nominalisierte Adjektive. Nutze dabei die Satzanfänge.*

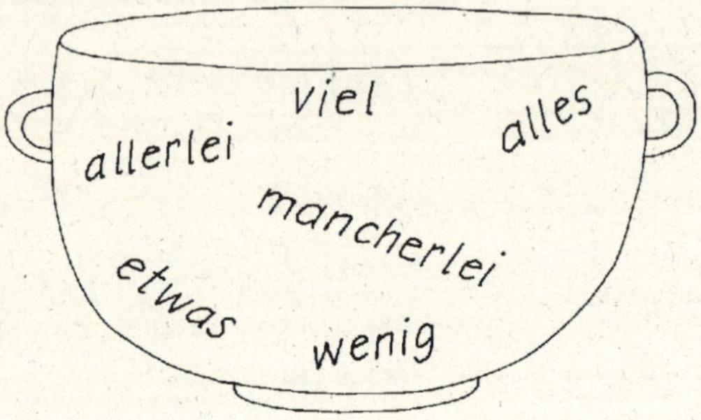

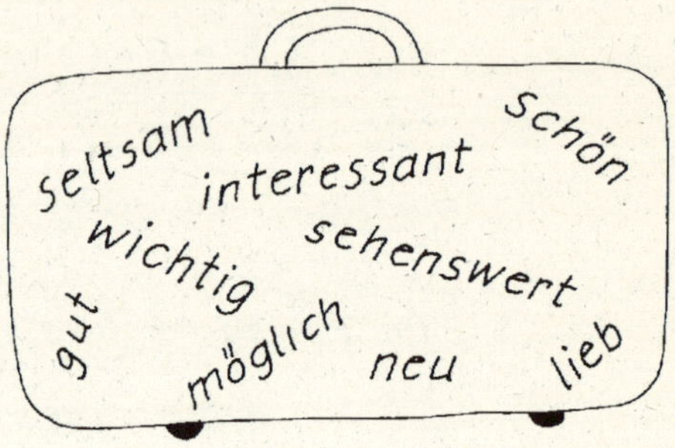

Sie erfährt ... wenig Neues. ....

Wir erleben ....

Ich wünsche Ihnen ....

Die Schülerin lernt ....

Sie hören ....

Die Sache hat ....

Tanja schreibt ....

25. *Wandle die unterstrichenen Adjektive in nominalisierte Adjektive um.*

Das schönste Vergnügen für die kleinen Kinder ist das Matschen im nassen Sand.

Das Schönste für ....

....

Mia ist die schnellste Schwimmerin. ....

Die großen Gäste trinken eine Tasse Tee, die kleinen Gäste trinken ein Glas Sprudel. ....

....

....

Peter hat den schönsten Drachen. ....

Der rote Drachen steigt und steigt. ....

Als Nomen (Substantive) gebrauchte Wörter

26. *Hier kannst du noch einmal üben.*
Setze in den Text nominalisierte Verben und Adjektive ein:

ausruhen – böse – rufen – spielen – buddeln – schön – arbeiten – überraschend

Herr Meistermann genießt das .... in seiner Sandburg.

Er ahnt nichts ....

Der überarbeitete Vater ist so müde, dass er das laute ....,

das emsige .... und unermüdliche ....

seiner Sprösslinge nicht bemerkt.

Die drei Kinder haben inzwischen viel .... gebaut.

Das eifrige .... im Sand zeigt schließlich tolle Erfolge.

Wenn die Flut kommt, muss sich Herr Meistermann auf etwas ....

gefasst machen.

Anredepronomen

Die höfliche Anrede

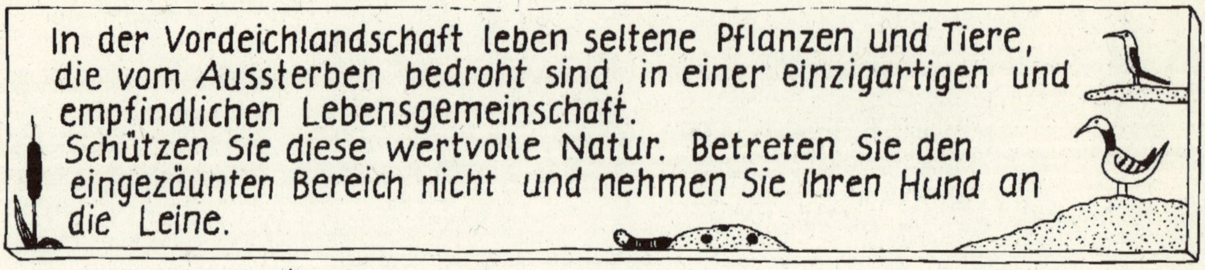

27. *Dieses Schild liest Tina bei einer Wanderung am Strand.*
Unterstreiche die Höflichkeitsformen bei der Anrede.

Als höfliche Anrede werden die Anredepronomen Sie, Ihre, Ihr, Ihnen *immer großgeschrieben.*

28. *Setze in die folgenden Sätze die passenden Höflichkeitsformen ein:*

Lassen .... Kinder nicht in den Dünen spielen.

Dünenschutz ist Küstenschutz.

Wir wünschen .... einen angenehmen und erholsamen Aufenthalt.

Bitte beachten .... : Wenn .... Hund dabeihaben möchten,

so suchen .... bitte den eigens dafür eingerichteten Hundestrand auf.

Achten .... beim Verlassen des Strandes auf .... Sachen.

Bitte werfen .... Abfälle in die Container.

Führen .... Hund in den Parkanlagen bitte an der Leine.

Anredepronomen

Die Anrede im Brief

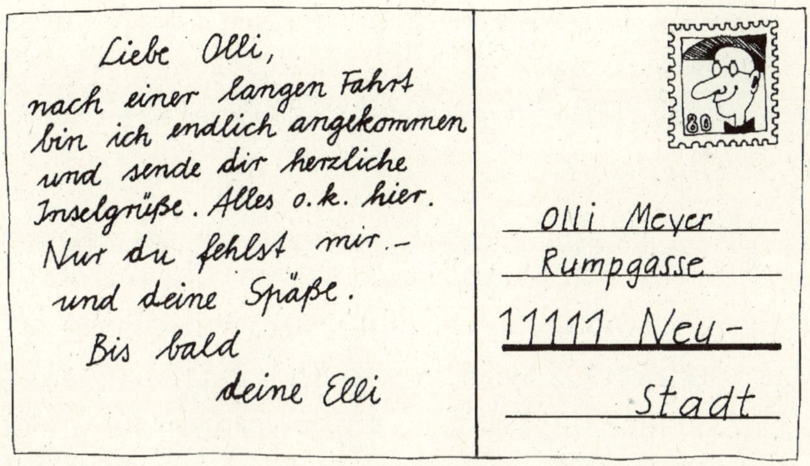

Auch in Briefen werden nur die Höflichkeitsformen Sie, Ihre, Ihr, Ihnen *großgeschrieben.*

29. *Setze ein passendes Anredepronomen ein.*

Liebe Frau Seidel,

aus unserem Urlaubsort sende ich .... herzliche Grüße. Schade, dass ....nicht hier sein können. Es gibt viel zu entdecken.

Gestern haben wir eine Tagesfahrt zur Insel Rügen gemacht. Das hätte .... sicher auch gefallen. Grüßen .... auch .... Mann. Für .... aber ganz besonders liebe Grüße von ....

Tina

30. *Schreibe den Brief in der Du-Form.*

Liebe Julia, ...

....

....

....

Zum Testen

TIPP 4

31. *Mit dem folgenden Text kannst du überprüfen, ob du die Wortart Nomen (Substantiv) von anderen Wortarten unterscheiden kannst.*
Unterstreiche alle Nomen (Substantive), zweimal wird ein Verb zum Nomen (Substantiv), zweimal wird ein Adjektiv zum Nomen (Substantiv).
Kennzeichne auch alle großzuschreibenden Höflichkeitsformen mit einer Wellenlinie. Es sind sechs.

LIEBE FRAU BORGMEIER,
ICH MÖCHTE IHNEN NOCH UNBEDINGT ETWAS LUSTIGES SCHREIBEN. AN EINEM SCHÖNEN SONNENTAG UNSERER FERIEN SIND WIR AM STRAND SPAZIEREN GEGANGEN. ICH HATTE ZUM SPIELEN MEINEN BALL MITGENOMMEN. PAPA SAGTE: „DIE WELLEN TREIBEN DAS WASSER AN DEN STRAND. GIB MIR DOCH MAL DEINEN BALL!“ ICH GAB IHM DEN BALL UND PAPA WARF IHN WEIT INS WASSER. SICHER KÖNNEN SIE SICH VORSTELLEN, WIE ENTSETZT ICH GEGUCKT HABE. PAPA SAGTE NUR: „DIE WELLEN TREIBEN DEN BALL SCHON WIEDER ANS UFER; WARTE NUR AB.“ WIR WARTETEN EINIGE MINUTEN, EINIGE LEUTE SCHAUTEN BEREITS GESPANNT ZU. ABER DER BALL KAM NICHT WIEDER, IM GEGENTEIL: ER WURDE IMMER WEITER HINAUSGETRIEBEN. PAPA ZOG SICH GANZ SCHNELL SEINE SCHUHE UND STRÜMPFE AUS, ABER ES WAR SCHON ZU SPÄT. DER BALL WAR SCHON IN TIEFEM WASSER. DIE LEUTE AM STRAND FINGEN AN ZU LACHEN, ABER MIR, DAS KÖNNEN SIE SICH JA DENKEN, WAR GAR NICHT ZUM LACHEN ZUMUTE.
„SEI NICHT TRAURIG“, SAGTE PAPA, „DU BEKOMMST EINEN NEUEN BALL. ES TUT MIR LEID.“ UND AM NACHMITTAG HAT PAPA DANN SEIN VERSPRECHEN GEHALTEN UND EINEN NEUEN BALL GEKAUFT. PAPA SAGTE NOCH: „DEIN ALTER BALL KANN BESTIMMT ETWAS SPANNENDES ERZÄHLEN.“
UND DAS WOLLTE ICH IHNEN NOCH ERZÄHLEN.
ES GRÜSST SIE HERZLICH
IHRE ANNA KRÜGER

TIPP 4

32. *Schreibe nun zur Übung den gesamten Text in der üblichen Form in dein Heft.*

Lang oder kurz gesprochen ?

☐ Es sprach der Aal
ein letztes Mal
vor seiner Wahl
im großen Saal
zum Wal:
„Das ist die Qual der Wahl."

☐ Es sprach die Robbe
in der Tonne:
„Hätte ich nur Sonne,
wäre das eine Wonne!"

TIPP 2

1. *Lies die beiden Witzverse langsam und deutlich.*
Kennzeichne in dem Kästchen auf folgende Weise:

l *Hier gibt es viele Wörter mit einem l a n g e n Vokal.*
k *Hier gibt es viele Wörter mit einem k u r z e n betonten Vokal.*

Kurzer betonter Vokal:
Sonne
Kurzer unbetonter Vokal:
Sonne

2. *Kennzeichne jetzt die entsprechenden Buchstaben in den Versen:*
den langen Vokal mit einem Strich (Tal),
den kurzen betonten Vokal mit einem dicken Punkt (Motte).

Vokale *(Selbstlaute) sind die Buchstaben des Alphabets, die selbst lauten.*
Beim Aussprechen eines einzelnen ***Konsonanten*** *(Mitlaut) hört man immer einen Vokal mit:* ***b(e), h(a).***

3. *Ergänze: Deshalb gibt es k.............n W..........rt .... hn .... V ....k....... l.*

ABC-HAUS

Vokale (Selbstlaute)	a	e	i	o	u					
	ä	ö	ü	Umlaute						
Diphthonge (Doppellaute)	au	äu	eu	ei	ai					
Konsonanten (Mitlaute)	b	c	d	f	g	h	j	k	l	m
	n	p	q	r	s	t	v	w	x	y	z

Lang oder kurz gesprochen?

TIPP 2

4. *Entscheide: Langer Vokal oder kurzer betonter Vokal? Trage die ähnlich klingenden, aber jeweils anders geschriebenen Wortpaare in die Tabelle ein. Kennzeichne die betonten Vokale.*

langer Vokal	kurzer betonter Vokal	langer Vokal	kurzer betonter Vokal

Lange Vokale – unterschiedlich geschrieben

TIPP 2

5. *Markiere die langen Vokale mit einem Strich.*

Im Zoo am Tor,
da steht ein Mohr,
der lässt mich vor.

Die große Kuh
brüllt immerzu,
ihr passt kein Schuh,
sie gibt nicht Ruh.

Der Fee am See,
der tut der Zeh
ganz schrecklich weh.

6. *Ordne die Wörter mit langem Vokal nach folgenden Gesichtspunkten.*

Wörter ohne Längezeichen (die meisten Wörter im Wortschatz)	Wörter mit h als Längezeichen	Wörter mit Vokalverdopplung (aa, oo, ee) (die wenigsten Wörter im Wortschatz)

7. *Ergänze die Spalten mit Hilfe von Wörtern aus Aufgabe 1 und Aufgabe 4.*

8. *Schreibe einen komischen Satz, in dem möglichst viele Wörter aus der Tabelle vorkommen.*
Zum Beispiel so:

Der Sohn der Fee fährt die große Kuh in einem Kahn zum Zoo.

Lange Vokale – unterschiedlich geschrieben

Wörter ohne Längezeichen

TIPP 2

9. *In diesen Wörterreihen findet sich jeweils ein Kuckucksei, das heißt, ein Wort, das gar keinen langen Vokal hat. Streiche das Kuckucksei durch.*

Zebra, Löwe, Dachs, Rotwild
Buche, Holunder, Birke, Kastanie
Möwe, Hering, Schwan, Qualle

10. *Reimwörter gesucht. Ergänze:*

Tal	Fuß	Wut	Löwe
M....................	Gr....................	H....................	M....................
W....................	R....................	M....................	
leben	haben	sagen	
w....................	l....................	w....................	

Wörter mit Längezeichen h

TIPP 1

11. *Ergänze jeweils die Wörter. Alle haben das Längezeichen h.*
Regel: Es darf in jeder Reihe nur ein Buchstabe geändert werden.

W	A	H	L	B	O	H	N	E
K	.	.	.	.	Ü	.	.	.
.	Ü	.	.	S	.	.	.	.
.	O	.	.	.	Ö	.	.	.
W	.	.	.	.	A	.	.	.

Lange Vokale – unterschiedlich geschrieben

TIPP 2

12. *Bei manchen Wörtern kann man deutlich ein h heraushören. Man spricht daher von einem gehauchten oder silbentrennenden h.*
Lies die folgenden Wörterreihen mit Nomen (Substantiven). Setze das h ein. Bei einem Wort in jeder Reihe kannst du das h nicht heraushören. Unterstreiche es.

Flö.........e	Le.........ne	Tru.........e	
Schu.........e	Mü.........e	Krä.........e	Sö.........ne
Nä.........e	Kü.........e	Dre.........er	Hü.........ner

13. *Trenne in der Tabelle bei den Verbformen im Infinitiv (Grundform) den Wortstamm durch einen senkrechten Strich von der Endung ab. Die Verbformen behalten das h im Stamm auch, wenn sie gebeugt (flektiert) werden, bilde entsprechende Formen. Unterstreiche das h.*

	Präsens (Gegenwart)		
Infinitiv	1. Person Singular	2. Person	3. Person
seh|en	ich sehe	du siehst	er sieht
fliehen			
drehen			
blühen			
mähen			
stehen			
krähen			
ruhen			

Singular: *Einzahl*
Plural: *Mehrzahl*

14. *Ergänze die angegebenen Formen wie im Beispiel.*

	Präteritum (Vergangenheit)	
Infinitiv	3. Person Singular	3. Person Plural
ruhen	er ruhte	sie ruhten
sehen	sie	
flehen	er	
krähen	sie	

Lange Vokale – unterschiedlich geschrieben

Wörter mit Vokalverdopplung

15. *Korrigiere die folgenden Wörter, indem du die Wortteile richtig miteinander verbindest.*

Kaffeestraße – Teerflocke – Schneebohne – Teegut – Saatpferdchen – Seekanne – Märchenbeere – Hauptfee – Stachelhaar

Kaffeebohne ....

....

TIPP 1

16. *Schreibe aus dem Wortstern möglichst viele Wörter auf, in denen der lang ausgesprochene Buchstabe im Schriftbild durch Vokalverdopplung ausgedrückt wird.*

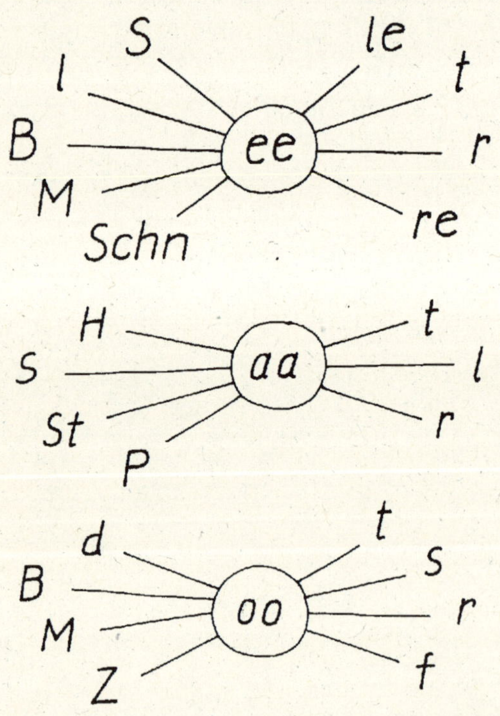

....

....

....

....

....

....

....

....

....

....

....

....

17. *Reimwörter gesucht. Ergänze.*

Klee	Meer	entleeren	Haar
T	T	verh	P ....
Schn	H		

Lange Vokale – unterschiedlich geschrieben

18. *Die folgenden Wortpaare werden gleich ausgesprochen. Sie werden aber anders geschrieben, denn sie haben verschiedene Bedeutungen. Ordne die Bedeutungen zu wie im Beispiel.*

a	b	Bedeutung
Wal	Wahl	(a) Säugetier
Mal	Mahl	Speise
Name	Einnahme	zum Beispiel Tina
Meer	mehr	Wasser
Heer	her	Komm mal ...!
Bote	Boote	überbringt etwas
hohl	hol!	... mir mal eben das Buch!
Uhrzeit	Urzeit	Es ist lange her.

TIPP 3

19. *Suche dir weitere Wörter aus und bilde dazu ein verwandtes Wort. Unterstreiche die Schreibung des langen Vokals.*

Mahl – Mahlzeit ....

....

....

....

Zum Testen

20. *Hier kannst du dich selbst testen. In den folgenden Schüttelreimen fehlen bei einigen Wörtern mit langen Vokalen die entsprechenden Buchstaben. Setze ein und achte darauf, ob das Wort mit einem Längezeichen (h oder Vokalverdopplung) geschrieben wird oder nicht.*

Ich f.......r auf einem Leiterwagen,
wo Steine und so weiter l.......gen.

Menschen m.......gen M.......wen leiden,
w.......rend sie die L.......wen meiden.

Es spr.......ch der Herr von Rubenstein:
„Mein Hund, der ist nicht st.......benrein."

Er will Sch.......e aus Leinen kaufen,
doch d.......mit s....... er keinen laufen.

Langes i – unterschiedlich geschrieben

Ein ästhetisches Wiesel *(Christian Morgenstern)*

Ein Wiesel
saß auf einem Kiesel
inmitten Bachgeriesel.

Wisst ihr,
weshalb?

Das Mondkalb
verriet es mir
im Stillen:

Das raffinierte Tier
tat's um des Reimes willen.

TIPP 2

21. *Umkreise alle Wörter mit lang ausgesprochenem i.*

22. *Ordne sie ein.*

Wörter mit i: ....

....

Wörter mit ih: ....

Wörter mit ieh: ....

Wörter mit ie: ....

....

Das lang ausgesprochene i kann als ie, i, ih und ieh geschrieben werden. Es wird in den meisten deutschen Wörtern mit ie geschrieben. Bei den anderen Wörtern musst du dir die Schreibungen merken.

23. *Entschlüssele die folgenden Wörter und ordne sie unter Aufgabe 22 ein.*

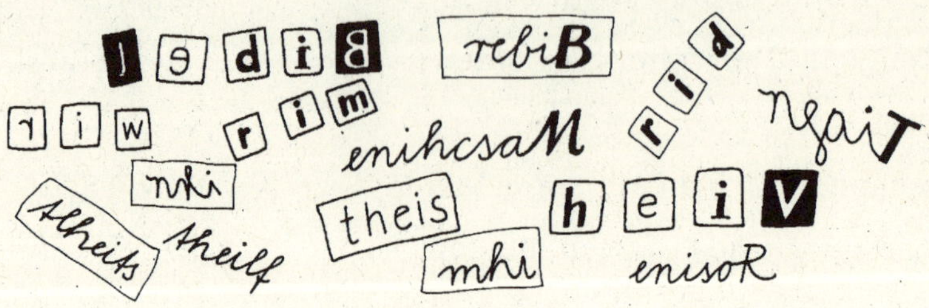

Langes i – unterschiedlich geschrieben

Wörter mit ie

24. *Unterstreiche in dem folgenden Gedicht alle Wörter mit ie. Ergänze die Tabelle.*
*Setze vor die Nomen (Substantive) den Artikel, setze zu den Verben das Personalpronomen **er**.*

Personalpronomen (persönliches Fürwort):
ich, du, er, sie, es, wir, ihr, sie

Wenn Riesen niesen! *(Joseph Guggenmos)*

Sieben Riesen,
die mit bloßen Füßen
über nasse Wiesen liefen,
niesten mit ihren Riesennasen so laut,
dass von diesem Riesenniesen
sieben Wieselkinder,
die im dunklen Zimmer schliefen,
aufwachten und „Gesundheit" riefen.

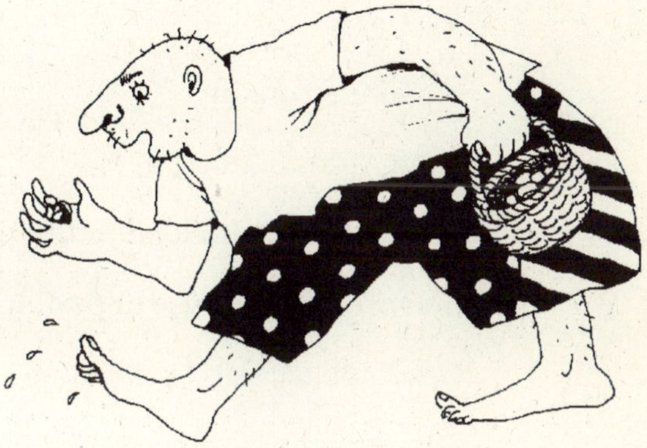

Nomen (Substantiv) (5)	Verb (4)	Zahlwort (1)
die Riesen	*er niest*	

25. *Suche Reimwörter.*

viel	Liebe	Tier	Wiese
Z	H	v	R ....

26. *Bilde aus den folgenden Nomen (Substantiven) verwandte Verben mit der Nachsilbe -ieren.*

Telefon .... Marsch ....
Radiergummi .... Frisur ....
Kopiergerät .... Produkt ....
Verlust .... Multiplikation ....

Langes i – unterschiedlich geschrieben

Schwierige Wörter mit i und ie

27. *Ergänze die zwei noch fehlenden Pronomen mit i.*

mir

TIPP 1

28. *Fremdwörter mit -in und -ine gesucht:*

Musikinstrument

viele Autos benötigen es

Konfekt mit Schokoladenüberzug

in Obst und Gemüse enthaltene Stoffe

Geschicklichkeit / Erfahrung

Zitrusfrucht / Orange

In Fremdwörtern wird das lang ausgesprochene i mit einfachem i geschrieben.

29. *Wieder oder wider?*

Bei den beiden Wörtern wider und wieder musst du die Bedeutung beachten:

*w**i**der – gegen*

*w**ie**der – noch einmal*

Setze in den folgenden Lückentext die richtigen Buchstaben ein.

Manchmal ist es sinnvoll zu w............dersprechen.

Aber W.........dersprüche sollten sich nicht zu oft w...........derholen.

Sie wollten w...........derkommen. Aber da sie sich immer w..........der streiten, ist das W............dersehen schon fast w..........dersinnig.

Langes i – unterschiedlich geschrieben

30. *Bilde neue Nomen (Substantive), Verben und Adjektive aus den folgenden Wörtern.*
Achte auf die Bedeutung: ***wider*** *(gegen) oder* ***wieder*** *(noch einmal).*

	wieder	wider
kehren	wiederkehren	
holen		
rechtlich		widerrechtlich
Haken		
Vereinigung		
rufen		
willig		
legen		
Verkauf		
Wille		
hallen		
spiegeln		

Merkwörter mit ih und ieh

31. *Ergänze die Pronomen.*
Du musst dir die Schreibung gut merken.

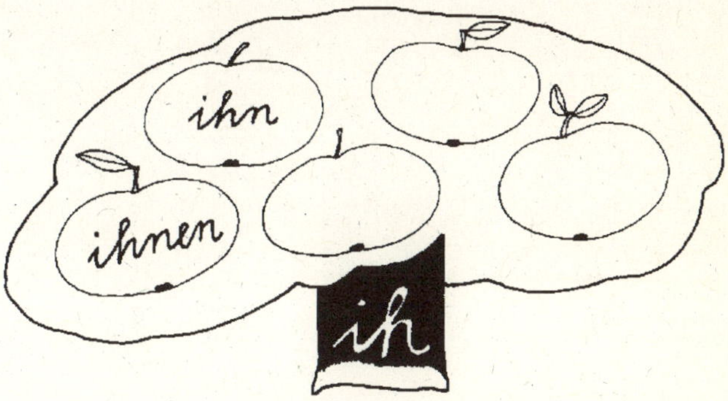

32. *Ergänze, indem du eine Form im Präsens (Gegenwart) bildest. Unterstreiche ieh.*

sehen – er sieht

fliehen – du .... geschehen – es ....

ziehen – sie .... befehlen – du ....

Langes i – unterschiedlich geschrieben

Zum Testen

33. *Mit den folgenden Übungen kannst du dich selbst testen. Alle Wörter kommen in diesem Kapitel vor. Setze die richtigen Buchstaben ein: ie, i, ih, ieh*

Hier muss ich d............r w............dersprechen.

Sie hilft ....m und er hilft ....r.

Das V............ fl............t vor ....nen.

Der R............se n............st z............mlich laut.

Die Masch............ne streikt.

Sie muss immer w............der w............dersprechen.

TIPP 1

34. *Setze den passenden Buchstaben ein und trage die Wörter in die Wortumrisse ein.*

w......derkehren

Apfels......ne

W......derspruch

V......h B......ber

T......ger s......ht

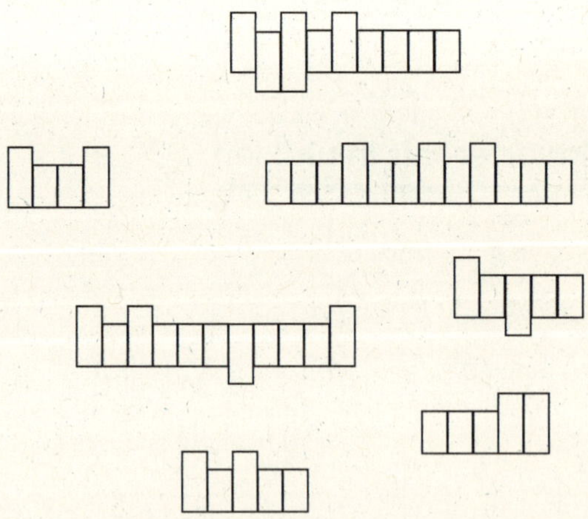

Verdopplung des Konsonanten

Igeln richtig helfen

Immer wieder kommt es vor, dass überzeugte Tierfreunde mit guter Absicht, aber aus Unwissen, im Herbst, manchmal bereits im Spätsommer, gedankenlos Igel einsammeln um sie vor dem Winter zu retten.

Sie richten oft erheblichen Schaden an, weil sie ein noch säugendes Igelweibchen von seinem Baby trennen.

Solche Menschen wollen helfen, aber sie prüfen oft nicht genau genug, ob es sich wirklich um hilfsbedürftige Tiere handelt, die sich selbst nicht mehr helfen können.

Es ist zu Recht verboten, auch nur vorübergehend Igel ins Haus zu nehmen, die kräftig genug sind sich selbst durchzubringen.

1. *In diesem Text gibt es eine ganze Reihe von Wörtern mit verdoppeltem Konsonanten. Es sind zehn. Unterstreiche sie. Schreibe sie danach in alphabetischer Reihenfolge auf.*

....

....

....

Folgt auf einen kurzen betonten Vokal nur ein Konsonant, so wird dieser oft verdoppelt.

TIPP 2

2. *Kennzeichne in den Wörtern oben den kurzen betonten Vokal mit einem Punkt.*

3. *Suche zu den folgenden Wörtern Reimwörter mit einem doppelten Konsonanten. Achte darauf, dass du jeweils bei einer Wortart bleibst.*

Tonne	Wanne	pennen	wollen
S....................	K....................	r....................	s....................
W....................	T....................	n....................	t....................

Verdopplung des Konsonanten

4. *Wörter mit dd, tt, pp*
Setze die folgenden Wörter in die passenden Kästchen ein.

Retter – Vetter – Bett – Butter – Rappe – Pappe – Suppe – buddeln – Pudding – Kladde – Paddel

TIPP 3

5. *Suche zu einigen Nomen (Substantiven) ein verwandtes Verb aus der Wortfamilie.*
Unterstreiche jeweils den verdoppelten Konsonanten. Beispiel: Paddel – paddeln

TIPP 3

6. *Suche zu dem jeweiligen Wortstamm weitere Wörter der Wortfamilie.*
Unterstreiche jeweils den Doppelkonsonanten.

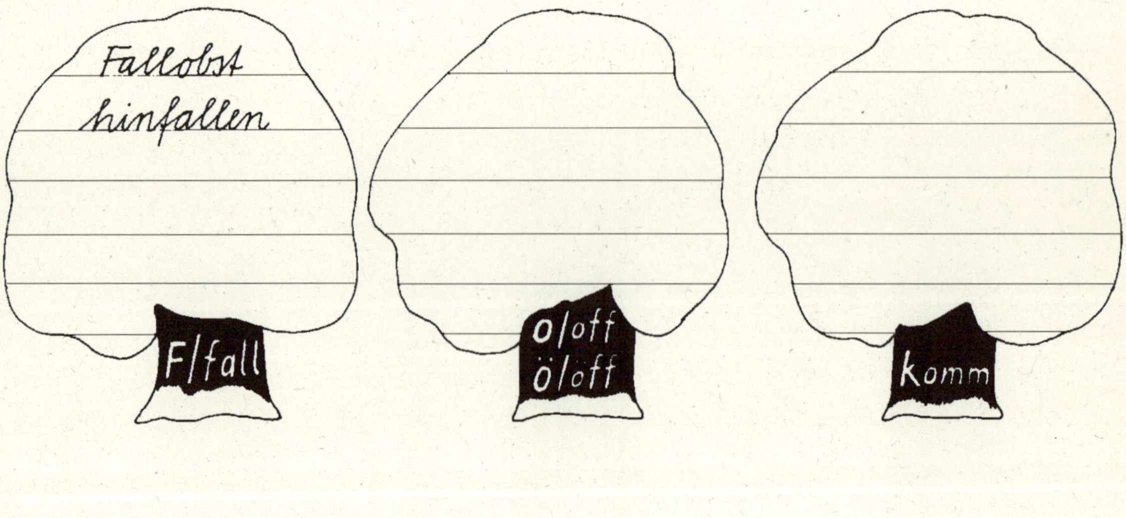

Verdopplung des Konsonanten

7. *Diese Wörter sind durcheinander geraten.*
Löse das Rätsel und schreibe dann die Wörter in der üblichen Schreibweise in die Leerzeile.

Mahlzeit – ....

Nadelbaum – ....

für Schüler (und Lehrer) die schönsten Wochen im Jahr – ....

gehört oft zum Inventar eines Badezimmers – ....

ein anderes Wort für laufen – ....

TIPP 1

8. *In dieser Wörterschlange sind Verben mit doppeltem Konsonanten enthalten, die sich reimen.*
Schreibe sie auf.

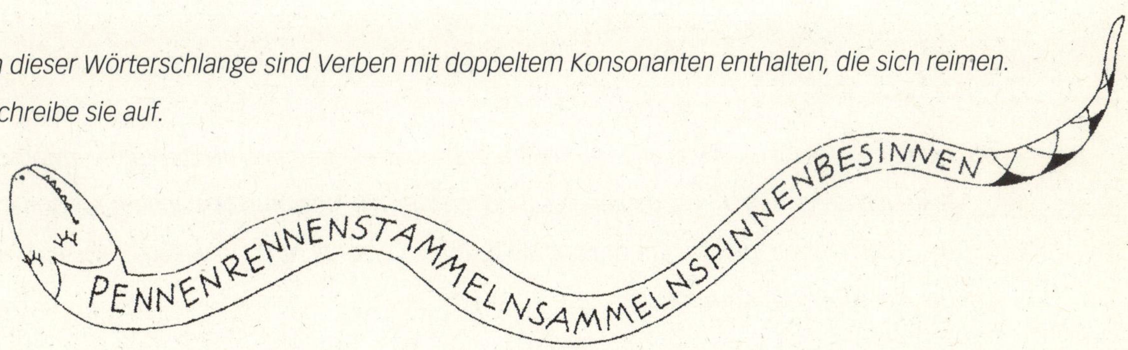

....

....

TIPP 2

9. *Unterstreiche die Wörter mit ss. Kennzeichne den vorangehenden kurzen Vokal durch einen Punkt.*

Kranke Igel

Manchmal müssen wir uns um einen kranken Igel kümmern. Wenn es dem Pflegling besser geht und er wieder gesund ist, sollte er wieder in die Freiheit entlassen werden.
Zu Beginn der Pflege sollte man vorhandene Krankheiten feststellen und behandeln lassen. Verordnete Medikamente müssen gewissenhaft nach Anweisung gegeben werden. Auch das richtige Fressen ist wichtig.

Verschiedene Konsonanten

TIPP 2

10. *In manchen Wörtern folgen auf einen kurzen betonten Vokal mehrere verschiedene Konsonanten. Schreibe solche Wörter aus dem Igeltext von Seite 39 auf und kennzeichne sie wie im Beispiel.*

oft ....

Nach kurzem betontem Vokal können auch zwei oder mehrere verschiedene Konsonanten stehen. Es wird dann keiner der Konsonanten verdoppelt.

11. *Unterstreiche in den folgenden Wörtern die Konsonanten nach dem kurzen betonten Vokal.*

Kinder – bunt – Land – Fenster – Wunde – Hund – Elefant – Gesundheit – rutschen – herunter – Alter – Wand – Herbst – Zelt – unten – krank – Winter

TIPP 1

12. *Schreibe diese Wörter in alphabetischer Reihenfolge auf.*

....

....

TIPP 3

13. *Achtung. Hier ist es etwas anders. Erkläre, warum die gebeugten (flektierten) Verbformen auf der linken Seite mit doppeltem Konsonanten geschrieben werden, obwohl noch andere Konsonanten folgen. Bilde dazu den Infinitiv (die Grundform) des Verbs oder eine andere Form wie im Beispiel. Unterstreiche jeweils den verdoppelten Konsonanten.*

sie kommt	kommen	sie kommen
du knallst		
du rennst		
ihr müsst		
du hasst		
sie lässt		

14. *Auch hier wird ein doppelter Konsonant geschrieben. Erkläre die Schreibweise der Wörter auf der linken Seite durch ein verwandtes Wort.*

essbar .... Gewissheit ....

hässlich .... Fressgier ....

Zum Testen

15. *Kennzeichne alle kurzen betonten Vokale mit einem Punkt. Achte darauf, ob der nachfolgende Konsonant verdoppelt wird oder nicht.*

Der Igel und der Maulwurf

Als der Igel merkte, dass es kälter wurde und der Winter nahte, fragte er den Maulwurf, ob er ihm in seiner Höhle ein Plätzchen überlassen könne. Der Maulwurf stimmte gutmütig zu und ließ den Igel als Gast in seine Höhle. Kaum war dieser jedoch in der Wohnung des Maulwurfs, so machte er sich darin breit. Der Besitzer der Höhle stieß sich immer wieder an den spitzen Stacheln. Erst jetzt erkannte der Maulwurf, dass er übereilt zugesagt hatte. Er bat den Igel seine Höhle zu verlassen. Sie sei viel zu klein für zwei Bewohner. Aber der Igel lachte nur und sagte: „Wenn du willst, kannst du ja gehen. Mir gefällt es hier gut und ich möchte deshalb bleiben."

16. *Trage die in Aufgabe 15 markierten Wörter in die Tabelle ein.*

nach kurzem betontem Vokal

Verdopplung des folgenden Konsonanten	keine Verdopplung des folgenden Konsonanten

Schreibung von k-Laut und z-Laut

Zwei Besondere: ck und tz

Man kann sich denken, dass Igelkinder ein Kapitel für sich sind. Ihr besonders niedliches Aussehen verlockt dazu, sie ohne lange Überlegungen mit nach Hause zu nehmen, letztlich oft genug zum Schaden der Kleinen.
Wenn man zufällig ein Igelnest entdeckt, sollte man die kleinen Igel unberührt lassen und sich so rasch wie möglich entfernen. Die sonst sehr fürsorgliche Mutter könnte sonst vor Schreck über die Störung und die fremden Gerüche die Kleinen töten – eine Reaktion, die man auch bei vielen anderen Säugetiermüttern beobachten kann.
Kriechen kleine und noch ganz blinde Igel im Freien herum, sollte man sichtgeschützt die Kleinen beobachten. Vielleicht ist die Mutter ja nur kurz auf Futtersuche. Wenn sie aber nicht mehr auftaucht, weil sie möglicherweise nicht mehr lebt, sollte man die Igelkinder mitnehmen und aufziehen.
Damit sie sich gut entwickeln und nicht krank werden, müssen sie richtig betreut und gefüttert werden. Ein Tierarzt kann sicher guten Rat geben.

17. *Ordne die unterstrichenen Wörter in die folgende Tabelle ein.*

k - Laut		**z** - Laut	
geschrieben k	geschrieben ck	geschrieben z	geschrieben tz

18. *Unterstreiche bei den Wörtern mit ck und tz in der Tabelle den kurzen betonten Vokal, der vor diesen Buchstaben steht.*

In deutschen Wörtern gibt es kein kk und kein zz. (In Fremdwörtern wie Akkusativ *und* Makkaroni *ist das etwas anderes.) Dafür gibt es in deutschen Wörtern ein* **ck (ersetzt kk)** *und ein* **tz (ersetzt zz)**.
Bei der Schreibung gilt die gleiche Regel wie bei der Verdopplung anderer Konsonanten:
Nach kurzem betontem Vokal wird der k-Laut mit ck und der z-Laut mit tz geschrieben (Bäcker, Katze).

Schreibung von k-Laut und z-Laut

19. *Schreibe mit Hilfe der folgenden Wortbausteine möglichst viele Wörter auf.*

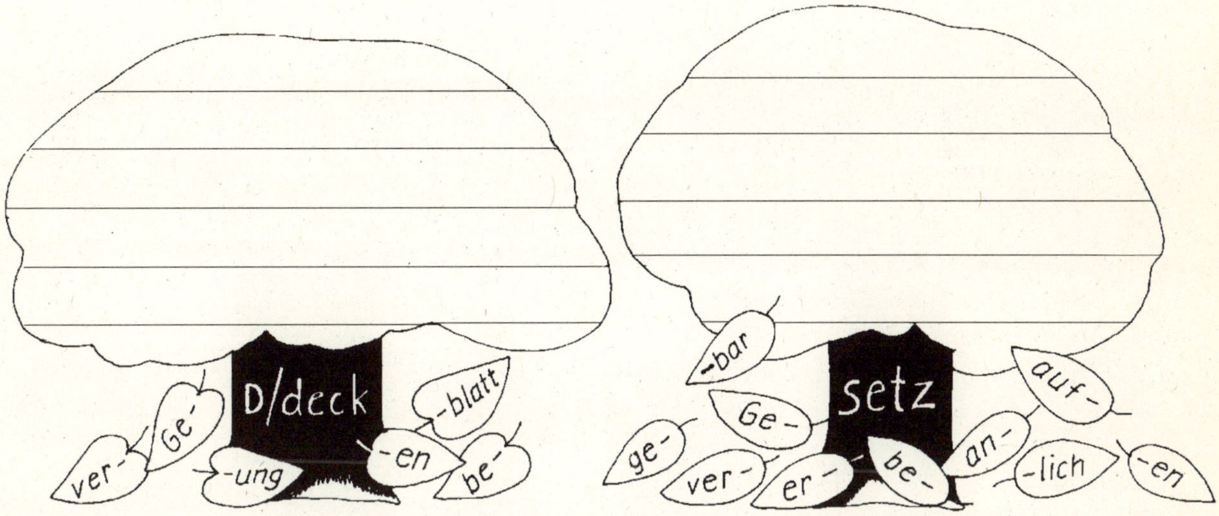

20. *Suche zu den folgenden Wörtern mit ck und tz jeweils ein verwandtes Wort.*

Dreck	Spatz ....
drücken	blitzen ....
verstecken	hetzen ....
backen	witzig ....
Sack	Hitze ....

Verschiedene Konsonanten

21. *Notiere die Wörter aus Aufgabe 17 (Tabelle), die nur mit k oder z geschrieben werden. Markiere den kurzen betonten Vokal, unterstreiche die beiden folgenden Konsonanten.*

denken ....

....

Nach l, m, n, r, das merke ja, steht nie tz und nie ck.

Schreibung von k-Laut und z-Laut

22. *Schreibe die Wörter alphabetisch geordnet auf. Kennzeichne den langen Vokal oder Doppellaut (Heizung, Haken) oder den betonten kurzen Vokal mit seinen nachfolgenden Konsonanten (Herz).*

Herz, Pflanze, Harke, Blinkanlage, Krankheit, Pauke, links, März, Schmerz, duzen, wirklich, stolz, zwanzig, Schnauze, Schwanz, hinken, tanken, Schrankwand, heizen

....

....

....

....

Zum Testen

23. *Setze die richtigen Buchstaben ein: z oder tz? k oder ck?*

a) Igel und ihre Stacheln

Wenn Igel geboren werden, haben sie etwa 100 Stacheln, die bei der Geburt selbst noch in der Haut ste......en. Es werden mit dem Stachelwechsel mehr. Jungigel haben etwa 3000 Stacheln. Ein ausgewachsener Igel hat zwischen 5000 und 7500 Stacheln. Die Stacheln ste......en in der sehr kräftigen Rückenmus......ulatur. Jeder einzelne Stachel ist zwei bis drei Zentimeter lang und zwei Millimeter im Durchmesser.
Bei Kämpfen der Igelmännchen sen......en sie den Kopf und richten die Na......enstacheln auf: So gehen sie aufeinander los! Auch gegen Schlangen – gegen die Kreu......otter – kämpft der Igel auf diese Weise an. Er kann bli......schnell reagieren.

b) Igelkrankheiten verhüten und bekämpfen

Bei Igeln, die zu wenig Pla...... und Gelegenheit zum Herumlaufen (möglichst auf rauer Fläche) haben, nu......en sich die ständig nachwachsenden Krallen zu wenig ab. Im schlimmsten Fall biegen sich die äußeren Krallen einwärts und wachsen in die Zehenballen. Das verursacht den Tieren qualvolle Schmer......en.
So weit darf es nicht kommen. Beschneiden Sie die Spi......en der Krallen von Zeit zu Zeit. Allerdings dürfen sie nicht zu kur...... geschnitten werden, da sonst die Krallennerven verle......t werden könnten. Auf Wunsch übernimmt der Tierar......t das Kür......en der Krallen. Die zweite Hinterfußkralle (von innen gezählt) ist von Natur aus länger als die anderen (ca. 15 mm). Das müssen Sie beim Beschneiden berü......sichtigen.

d/t, b/p, g/k

Pia liest in der Zeitung. „Wie, so etwas passiert in unserem Ort!" „Was denn, lies doch mal vor!", meint Lars brötchenkauend. Und Pia liest:

Schlange im Eimer

Eine Schlange vor einem Autohaus beschäftigte am Samstag die Gütersloher Polizei. Es handelte sich nicht um eine Menschenansammlung, sondern um ein 80 Zentimeter langes rotbraunes Reptil. Beamte stülpten zunächst einen Eimer über die Schlange um sie an der Flucht zu hindern. Ein Experte identifizierte das Tier später als ungiftige Kornnatter, beheimatet in den USA, und nahm es in seine Obhut. Aus welchem Terrarium die Schlange verschwunden ist, konnte bislang noch nicht geklärt werden.

TIPP 3

1. *In dieser Zeitungsmeldung tauchen Wörter mit g, t oder p auf, die man leicht falsch schreiben könnte. Erkläre die Schreibung dieser Wörter.*

beschäftigte ......beschäftigen...... rotbraun ......eine rote Mütze......

Samstag .... sie stülpten ....

Menschenansammlung .... geklärt ....

bislang .... beheimatet ....

Verlängere das Wort und du hörst es sofort.

TIPP 2

2. *Entscheide: weich ausgesprochen (d, b, g) oder hart ausgesprochen (t, p, k)? Trage jeweils den fehlenden Buchstaben ein und nenne in der Klammer die Bedeutung des Wortes.*

......eich (Schutz vor Sturmflut) – Teich (Gewässer)

......asse (kleine Straße, Weg) – ......asse (..............................)

......ass (..............................) – ......ass (Stimmlage)

Sei......e (Stoffart) – Sei......e (..............................)

En......e (Schluss) – En......e (..............................)

......orf (Häuser) – ......orf (..............................)

......reis (..............................) – ......reis (rund)

......ellen (..............................) – ......ellen (..............................)

d/t, b/p, g/k

TIPP 1

3. *Der Zeitungstext enthält zwei Wörter, die man sich merken muss, weil man die Schreibung nicht erklären kann. Schreibe die beiden Wörter jeweils in ihren Umriss.*

TIPP 2

4. *Bei einem Wort im Gedicht wird der Konsonant anders gesprochen als geschrieben. Gib eine Erklärung für die Schreibung.*

Der Sanftmütige *(Erich Kästner)*

Ich mag nicht länger drüber schweigen,
weil ihr es immer noch nicht wisst:
Es hat keinen Sinn, mir die Zähne zu zeigen.
Ich bin gar kein Dentist!

....

....

TIPP 3

5. *b oder p? Die Bildung des Infinitivs hilft dir.*

> *Infinitiv = Grundform des Verbs:* geh**en**, lauf**en**

Dichter Verkehr

Im dichten Verkehrsgewühl blei......t plötzlich das Auto stehen. Gi......t es denn so etwas? Hinter mir wird gehu......t wie verrückt. Ein Autofahrer to......t geradezu und he......t die Hände zum Himmel. Warum steigt er nicht aus und schie......t mit mir das Auto zur Seite?

TIPP 3

6. *b oder p? Trage in den Wortstern die fehlenden Buchstaben ein.*

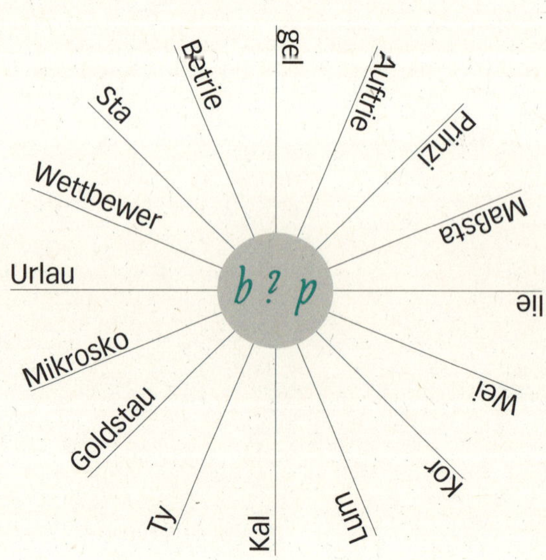

d/t, b/p, g/k

TIPP 3

7. *Schreibe aus der folgenden Wörterleiste Nomen (Substantive) und Adjektive auf. Bilde eine verlängerte Form und unterstreiche jeweils den schwierigen Konsonanten.*

Hemd – Hemden ....

....

....

....

....

....

....

....

....

TIPP 3

8. *Trage den passenden Buchstaben ein. Erkläre die Schreibung.*

b oder p?

der Dieb – die Diebe ....

er schrei......t – ....

der Stau...... – ....

sie hu......t – ....

g oder k?

klu...... – ....

Die Ber......spitze – ....

mer......würdig – ....

d oder t?

Schul...... – ....

deu......lich – ....

hal......bar – ....

Ra...... (zum Fahren) – ....

Ra...... (ein guter ...) – ....

run...... – ....

Bun......papier – ....

Lei......planke – ....

TIPP 1

9. *Für diese Wörter gibt es keine Erklärung. Du musst sie dir als Merkwörter einprägen. Schreibe die Wörter nach dem Alphabet auf.*

Erbse, Knirps, Behauptung, Krebs, Hengst, Publikum, Rebhuhn, weg, Angst, Smog, Herbst, September, Gips, Schlips, sind

....

....

Zum Testen

10. *Bei den folgenden Texten kannst du dich selbst überprüfen, ob du alles verstanden hast. Bei manchen Wörtern kannst du weich oder hart ausgesprochene Laute und entsprechend geschriebene Buchstaben heraushören; bei anderen Wörtern musst du ableiten.*

a) Sandsturm in Texas *(Frederik Hetmann)*

Im Jahre 1879 kam ein Mann aus dem Osten zur Zei...... eines großen San......sturms nach El Paso. Er war dor...... zu Gast auf der Ranch seines Onkels und zu seiner Begrüßun...... blies der Win...... drei Ta......e und drei Nächte und der San...... deckte alles Gras und alle Mesquitebüsche zu.

Als der Gast dann zum ersten Mal mit seinen Verwandten ins offene Lan...... hinausritt, entdeckte der Reitertrupp auf einer San......kuppe einen Hu...... . Die Cowboys, die das Grünhorn begleiteten, wollten den Hu...... aufhe......en, aber als sie näher herankamen, erkannten sie, dass der Hu...... auf dem Kopf eines Mannes saß. Sie kratzten dem Verschütteten den San...... aus Au......en, Ohren und Mun......, und als er en......lich wieder etwas hören und sehen konnte und Luf...... bekam, raunte er den Cowboys zu: „Hol...... eine Schaufel. Ich sitze zu Pfer......e!"

b) Die Weiber von Weinsberg *(nach einer alten Chronik)*

Der Köni...... bela......erte einst die Bur...... von Weinsberg, die seinem Fein......, einem Herzo......, gehörte. Die Sol......aten des Köni......s eroberten die Bur...... . Den Männern drohte der Köni...... eine harte Bestrafun...... an, den Frauen erlau......te er großzügi......, beim Abzu...... aus der Bur...... das mitzunehmen, was ihnen am liebsten sei. Da nahm jede der Frauen ihren Mann auf die Schultern und schleppte ihn aus der Bur...... . Einige Gefol......sleute des Köni......s wollten das verhin......ern, weil sie glau......ten, das sei gegen die Abmachun...... . Doch der Köni...... stand zu seinem Wor...... und ließ den listi......en Frauen ihren Willen.

c) Der Fuchs und der Re......stock

An einem Re......stock, der sich an einer hohen Mauer emporran......te, hingen reife Weintrauben. Ein Fuchs, der hungri...... war und vor den Reben stan......, sa......te bei sich: „Wie köstlich diese Trauben doch aussehen, sicher sind sie safti...... und süß."

Gieri...... spran...... er am Re......stock hoch, um an die Trauben zu kommen, aber es gelan...... ihm nicht. Unermü......lich spran...... er hoch, schließlich stie...... er auf einen Mauervorsprun......, aber er krie......te die Trauben nicht zu fassen.

En......lich sah der Fuchs, dass alle Mühe verge......lich war. Verächtlich sa......te er: „Die Trauben sind sicher schrecklich sauer." Danach gin...... er hochmütig davon.

Wörter mit s

TIPP 2

1. *Lies das Gedicht halblaut. Unterstreiche alle Wörter, die ein weiches, gesummt ausgesprochenes s enthalten.*

weich oder gesummt ausgesprochener s-Laut = stimmhaft

Vor ihrer Reise
sang die kleine Meise
auf ihre Weise
so ganz, ganz leise.

TIPP 2

2. *Unterstreiche das gesummte s. Es steht in 17 Wörtern.*

Sieben süße Wiesel
liegen selig im Sand
und sonnen sich.
Da sehen sie eine sehr dunkle Wolke
und sausen zusammen hinter einen Felsen.
Dort sitzen sie
und sehen dem Nieselregen zu.

3. *Setze in dem folgenden Text Reimwörter mit einem gesummten s ein. Die Reimwörter musst du aber zunächst entschlüsseln.*

Die Ameisen *(Joachim Ringelnatz)*

In Hamburg lebten zwei ....,
die wollten nach Australien ....
Bei Altona auf der Chaussee,
da taten ihnen die Beine weh,
und da verzichteten sie ....
dann auf den letzten Teil der ....

4. *Ergänze die folgende Regel:*

Der gesummt ausgesprochene s-Laut wird immer mit einfachem ...... geschrieben.
(Beispiele: lesen, Esel, Sonne*)*

Wörter mit s

TIPP 2

5. *Bei folgenden Wörternestern hat sich jeweils ein Wort mit scharf oder gezischt ausgesprochenem s eingeschlichen. Unterstreiche jeweils das „Kuckucksei". Erkläre die Schreibweise wie im Beispiel.*

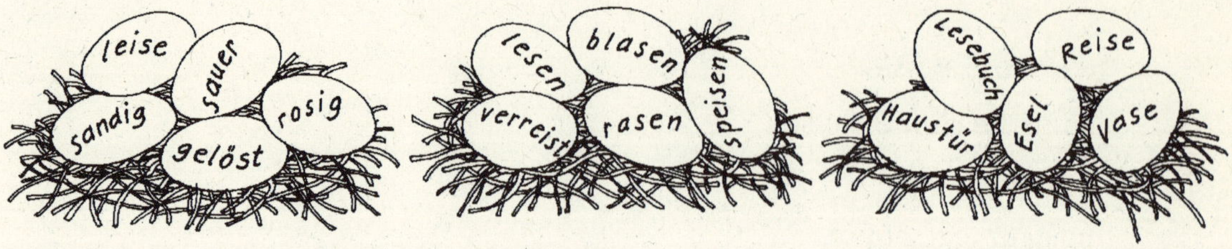

	abgeleitet von/verlängert
(er) niest	niesen

scharf oder gezischt ausgesprochener s-Laut = stimmlos

Mit einfachem s schreibt man auch einen scharf oder gezischt ausgesprochenen s-Laut, wenn man eine Verlängerung oder Ableitung mit einem gesummten s-Laut bilden kann.
Beispiel: er bläst, er blies – blasen, Blase, Blasebalg

TIPP 3

6. *Erkläre die Schreibweise. Unterstreiche die s-Laute.*

die Maus - die Mäuse
das Gras - ...
sie reiste - ...
der Preis - ...
sie löste - ...
das Röschen - ...
die Blaskapelle - ...
die Glasvase - ...

TIPP 4

7. *Schreibe die Verben in den entsprechenden Formen auf und bilde verwandte Nomen (Substantive).*

Infinitiv	2. Person Singular Präsens	3. Person Singular Präteritum	Nomen (Substantiv)
rasen			
lösen			
lesen			
reisen			
entgleisen			

Wörter mit ß

8. *Unterstreiche alle Wörter mit ß und schreibe sie auf.*

Zwei Flöße
von ganz enormer Größe
trieben einen reißenden Strom hinab,
da lösten sich die Stämme ab.

Der Flößer ließ sich nicht verdrießen,
er will die schöne Fahrt genießen.
Drum stellt er sich schnell auf einen Stamm
und hat seinen Spaß, weil er das kann.

TIPP 2

9. *Kennzeichne in Aufgabe 8 den langen Vokal oder Doppellaut (Diphthong) vor dem ß mit einem Strich.*
Beispiel: Fuß

Nach langem Vokal oder Doppellaut wird der scharf oder gezischt ausgesprochene s-Laut mit ß geschrieben.

10. *Bilde die Pluralformen.*

der Fuß – die F…
das Maß – …
die Straße – …
der Kloß – …
der Gruß – …
der Spieß – …
der Strauß – …

TIPP 1

11. *Suche Reimwörter mit ß.*

grüßen	heißen	groß	mäßig
b …	b …	Fl …	gefr …

Wörter mit ss

12. *Schreibe alle Wörter mit ss heraus.*

Sie träumt an einem großen Fluss,
weil ihr Prinz bald kommen muss.

Der macht sich auf von einem Schloss
mit einem riesengroßen Tross.

Er sucht nach ihr an allen Flüssen,
er möchte die Prinzessin küssen.

Und weil das Ende gut sein muss,
gibt sie ihm am Schluss den Kuss.

....

....

TIPP 2

13. *Kennzeichne in Aufgabe 12 den kurzen betonten Vokal vor dem s-Laut mit einem Punkt. Beispiel: nass*

Nach kurzem betontem Vokal wird der folgende scharf oder gezischt ausgesprochene s-Laut mit ss geschrieben.

14. *Ergänze wie im Beispiel.*

a) müssen – *ich muss, du musst*

hassen – ....

lassen – ....

küssen – ....

essen – ....

b) das Fass – *die Fässer*

der Fluss – ....

der Pass – ....

der Schuss – ....

die Nuss – ....

der Kuss – ....

In einer Wortfamilie: ss oder ß?

Bei manchen verwandten Wörtern (Wortfamilien) oder bei manchen unterschiedlichen Formen wechselt die Länge oder Kürze des Vokals vor dem s-Laut. Entsprechend wird dann ss oder ß geschrieben.
Beispiele: **Fluss – fließen / lassen – er ließ**

TIPP 4

15. *Schreibe verwandte Wörter und andere Formen auf. Achte auf die unterschiedliche Schreibung des gezischten s-Lautes.*

fließen Fluss, Flüsse, Flüsschen

genießen ....

wissen ....

lassen ....

gießen ....

das Schloss ....

er beißt ....

16. *Ergänze jeweils.*

Zeitform Präsens	Zeitform Präteritum
wir gießen	wir gossen
ich verlasse	....
....	er floss ....
....	sie maßen ....

17. *Setze die folgenden Verben in der richtigen Form in die Sätze ein:*
lassen, anfassen, fressen, aufpassen, passen.

Unsere Katze .... sich nicht von Fremden kraulen.

Wer unser Pony ...., ist selber schuld.

Unser Hund .... nur Futter aus der Dose.

Mein Kanarienvogel .... genau auf, wenn der Käfig geöffnet wird.

Meine Wasserschildkröte .... kaum noch in das Aquarium.

Zum Testen

18. *Ergänze die s-Laute: s, ss oder ß?*

a) Die Schnecke *(Heinz Erhardt)*

Mit ihrem Haus nur geht sie aus!
Doch heut lä......t sie ihr Haus zu Haus,
es drückt sie auf die Hüften.
Und au......erdem – das ist gescheit
und auch die allerhöchste Zeit:
Sie mu...... ihr Haus mal lüften!

b) Ein Krimi, leicht übertrieben

Ede Knacki ra......t in äußerst rasantem Tempo über die na......e Stra......e. Der Polizeiwagen ist ihm dicht auf den Fersen. Plötzlich zerrei......t ein Schu...... die Stille. Das Auto ra......t weiter, fängt an zu schleudern, rei......t eine Straßenlaterne um und stö......t gegen eine Hauswand. Ede mu...... sein Auto schnell verla......en. Er schie......t und flüchtet zu Fu...... weiter. Jetzt ra......t er auf den Flu...... zu. Aber schon ist er eingekrei......t. Ede schmei......t seine Pistole weg und rei......t die Arme hoch. Schlie......lich mu...... er sich Handschellen anlegen la......en. Ede wei......, dass er für einige Zeit hinter Schlo...... und Riegel mu.......

c) Brösel, das ma......lose Fre......monster

Bereits eine Stunde hatte Brösel gefastet und nichts gege......en. Der bei......ende Hunger machte ihn ra......end. Wie er diese lange Fastenzeit ha......te! Wann konnte er endlich wieder sein ma......loses Fre......en genie......en? Wie lange mu......te er noch auf sein Lieblingse......en warten? Hatte man ihn verge......en? Endlich, als sein Hei......hunger die äu......erste Grenze erreicht hatte, wurde serviert: gro......e Klö......e aus Grie......, Fleischspie......e in E......igso......e, rie......ige Nu......torten mit Schokoladengu......, Zuckerwa......er und Brau......epulver. Brösel fra...... und fra...... . Endlich war sein Hei......hunger ein wenig gestillt. Als er am Schlu...... der Fre......schlacht vom Sofa aufstehen und das E......zimmer verla......en wollte, konnte er sich nicht mehr von der Stelle rühren. Deshalb lie...... er em......ig seine Fü......e über das Sofa baumeln und wartete auf den nächsten Gang.

d) Wenn Rie......en nie......en *(Joseph Guggenmos)*

Sieben Rie......en, die mit blo......en Fü......en über na......e Wie......en liefen, nie......ten mit ihren Rie......enna......en so laut, da...... von die......em Rie......ennie......en ......ieben Wie......elkinder, die in tiefen Zimmern schliefen, aufwachten und „Ge......undheit!“ riefen.

Wie f gesprochen – unterschiedlich geschrieben

Sven: Probleme habe ich in meinen Aufsätzen immer wieder mit den f- Lauten. Wie kriege ich das nur rein? Regeln gibt es da ja wohl nicht.

Gitte: Na ja, am meisten gibt es ja Wörter mit f. Das hilft schon mal! Die anderen Wörter, die wie f ausgesprochen, aber mit v oder pf geschrieben werden, muss man sich eben gut merken.

Miriam: Und pf kann man manchmal auch heraushören.

Sven: Na, na ... P f e r d und f ä h r t – das wird doch vorn fast gleich ausgesprochen...

Miriam: Aber mitten im Wort, meine ich, da kann man's doch hören: A p f e l zum Beispiel oder auch r u p f e n – das heißt doch nicht r u f e n, oder?

Gitte: Also hinhören, aber auch üben und merken ...
Übrigens gibt es da so ein Gedicht. Das haben wir in der Grundschule schon einmal gehabt. Es geht darin um die Schreibung mit v ...

Tim: Bei dem Wort V o g e l habe ich nie Probleme. Das schreibe ich immer mit Vogel-v!

Gitte: Ja, ja, Tim, du bist der Größte ...

1. *Welche Schwierigkeiten der f-Laut-Schreibung werden in diesem Gespräch genannt? Ergänze:*

Man spricht ......, aber man schreibt ...... , ... und ....

2. *Formuliere Sätze, in denen möglichst viele Wörter mit einem f-Laut vorkommen. Diese Sätze dürfen ausnahmsweise komisch sein.*

Füße, Fackel, Pflaume, Pfarrer, Forscher, Pfanne, Pfingsten, empfehlen, Pfad, Pfeiler, Pfund, vier, fiel, Vogel, Pfirsich, Pferd, fast, fertig, fünf, völlig, fliegen, fressen, feiern, verzweifelt, vielleicht, verlängern, voll, versprechen, Floh, fallen, verlaufen ...

z. B.: *Vierzehn Pferdeäpfel fallen vom Pflaumenbaum.*

....

....

....

....

....

....

....

Wörter mit f und pf

TIPP 3

3. *Suche verwandte Wörter. Diese werden mit dem gleichen f-Laut wie das Stammwort geschrieben.*

fremd ...die Fremde, der Fremdling...

Pferd ...

empfehlen ...

finden ...

4. *In dem Gespräch auf Seite 55 hat Sven sicher Recht. Ein pf am Wortanfang kann man nur bei überkorrekter Aussprache heraushören. Manchmal hilft es, die Bedeutung zu unterscheiden. Schreibe oder zeichne dazu ein Stichwort oder eine kurze Erklärung in die Klammern. Ergänze den f-Laut.*

fahl (bleich)	Pfahl (Pfosten)
er fand ...	Pfand ...
die Flocke ...	der ...lock ...
der ...lug ...	der Pflug ...
der Fund ...	das ...und ...
der Flaum ...	die ...laume ...
er ...ährt ...	das ...erd ...

TIPP 4

5. *Schreibe möglichst viele Wörter mit pf auf. Achte auf die Groß- und Kleinschreibung der Wortarten.*

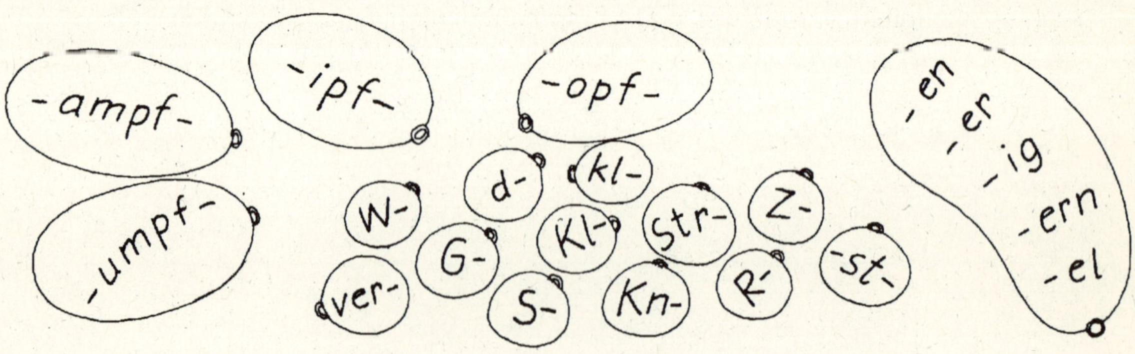

...

...

...

Wörter mit v

TIPP 1

6. *Bilde mit Hilfe der Wortbausteine Wörter. Ordne die Wörter in die Tabelle unten ein. Beachte die Wortart.*

sagend – sprechen – kornbrot – gessen – kehren – sichtig – fraß – deutig – jährig – bringen

V/ver-	vor-	V/voll-	V/viel-

7. *Bilde aus den folgenden Wortbausteinen Wortzusammensetzungen (Komposita). Manchmal musst du als „Mörtel" einen Fugenlaut (s) einfügen.*

8. *Unterstreiche die Wörter, in denen v wie w ausgesprochen wird.*

völlig, Viertel, Vagabund, Vorteil, Vieh, Vetter, Ventil, Visage, Vampir, Volleyball, Volk, Vulkan, vorn, voll, von, Verkehr, Vase, Vanille

Wörter mit v

9. *Und dies ist das kleine Gedicht, das Gitte in dem Gespräch am Anfang meinte. Lies es genau und ergänze anschließend den Merksatz.*

Darüber wundert sich das „V“ *(Vera Ferra-Mikura)*

Obwohl ich immer als „V“ vor dir steh',
bin ich manchmal ein „F“ und manchmal ein „W“.
Im Klavier und im Jagdrevier
wird ein „W“ aus mir.
Du siehst mich als „V“, doch wie sagst du dann?
„Willa, Wase und Pawian.“

Nur aus dem Vollmond, das wäre zum Lachen,
dürftest du keinen Wollmond machen,
aus dem Veilchen kein Weilchen,
aus dem Vetter kein Wetter.
Ich bin manchmal ein „F“ und manchmal ein „W“,
obwohl ich immer als „V“ vor dir steh'.

Es gibt Wörter, die werden mit ...... oder mit ...... ausgesprochen, aber mit .... geschrieben.

10. *Unterstreiche die entsprechenden Beispiele im Text und ordne die Wörter in die Tabelle ein. (Achtung: Im Text sind drei Wörter bewusst falsch geschrieben, und zwar so, wie sie ausgesprochen werden.)*

mit v geschrieben

wie f ausgesprochen (3)	wie w ausgesprochen (5)

Zum Testen

TIPP 5

11. *Ergänze:*

......etter Franz und seine ......reundin Vera sind ......öllig ......ertig.
Am ......origen ......reitag wollten sie ......leißig sein und ......erse für die Klassen......eier an......ertigen, aber es ......ielen ihnen nicht allzu ......iele ......erse ein. Die beiden ......erwirrten ......reunde......anden ......orgestern gerade mal einen ......ernünftigen An......ang.
......ehlt es ......ielleicht an ......antasie oder muss man sich zum ......erseschmieden ......iel mehr Zeit lassen? Franz ......ragt schließlich......öllig entner......t seinen ......ater. Doch der meint nur ......iel sagend: „Ich bin ......öllig ratlos, mir ......ällt so schnell auch nichts ......ernünftiges ein. ......ielleicht ......angt ihr noch einmal ganz ......on ......orne an.“

Wörter mit x

TIPP 1

1. *In einigen Wörtern mit x sind die Buchstaben durcheinander geraten. Schreibe sie in der üblichen Schreibweise jeweils darüber.*

Heute machen alle Kinder A X E N F. Max E F I X T mit Axel. Die E I X N O T X B mit der kleinen E X E H. Xaver braut eine T U X R M I.

Alexander X A T E I R T die kleine X E E H.

TIPP 4

2. *Aus diesem Wortstern kannst du etliche Wörter mit x bilden. Trage sie in die Tabelle ein und beachte die richtige Groß- und Kleinschreibung. Versieh die Nomen (Substantive) mit ihrem Artikel.*

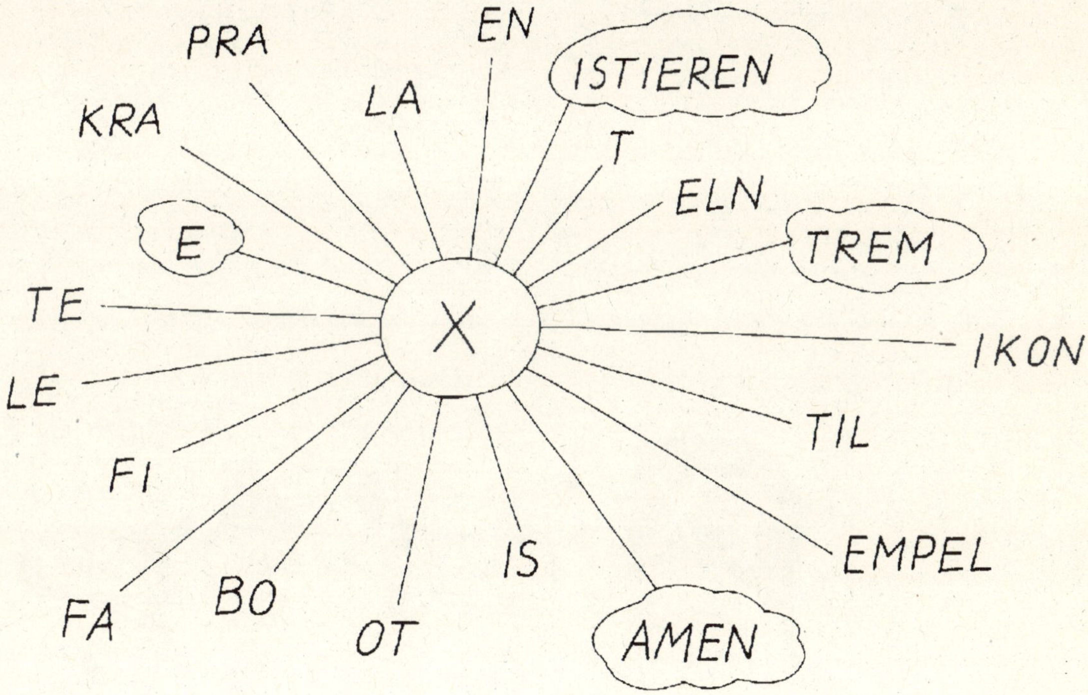

x im Wortinnern	x am Wortende

Wörter mit x

TIPP 1

3. *Wörterrätsel. Trage passende Wörter mit x in die entsprechende Wortkontur ein. Die Wörter sind in der Schlange versteckt.*

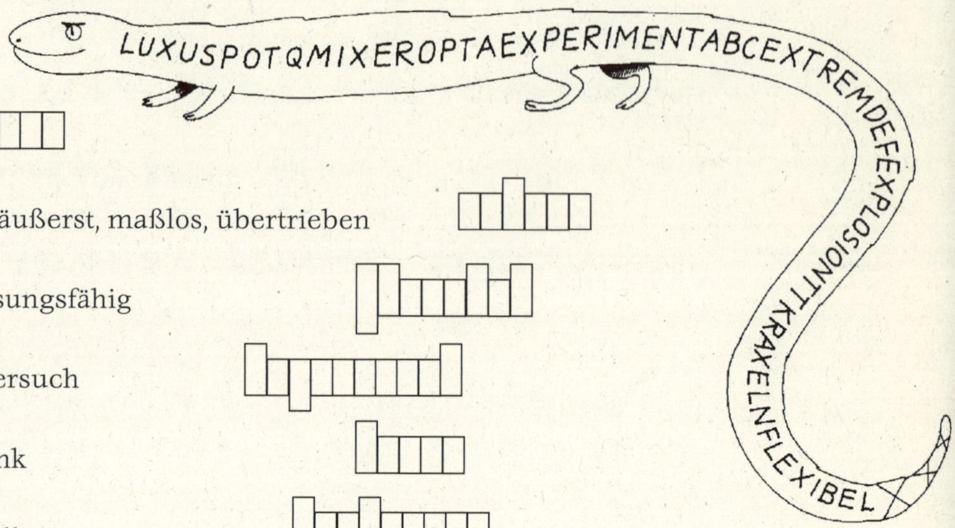

Küchengerät

ein anderes Wort für äußerst, maßlos, übertrieben

biegsam, auch anpassungsfähig

wissenschaftlicher Versuch

Verschwendung, Prunk

Sprengschlag, Zerknaller

mühsam klettern

4. *Schreibe die Wörter mit der Vorsilbe ex- auf. Achte dabei auf die richtige Groß- und Kleinschreibung.*

5. *Ergänze in den Leerzeilen weitere Wörter mit der Vorsilbe Ex-/ex-.*

Gesprochen ks – geschrieben x, chs, ks, gs

TIPP 2

6. *Unterstreiche die Wörter, in denen ks gesprochen, aber unterschiedlich geschrieben wird.*

Tiere auf der Jagd

Ein Ochse, ein Luchs und ein Fuchs gingen oft zusammen zur Jagd. Eines Nachmittags waren sie mal wieder unterwegs. Sie waren sich keineswegs immer einig.
Hatten sie etwas erjagt, stritten sie sich flugs um die Beute. So schimpfte der Ochse mit dem Luchs: Mach, dass du wegkommst, du Frechdachs, sonst breche ich dir alle Haxen.
Der Fuchs, der extrem listig war, ließ seine beiden Jagdgenossen links liegen. Und während sie sich um die Beute stritten, fraß er sie fix auf.

TIPP 1

7. *Trage die unterstrichenen Wörter in die Konturen ein.*

x	chs	gs	ks

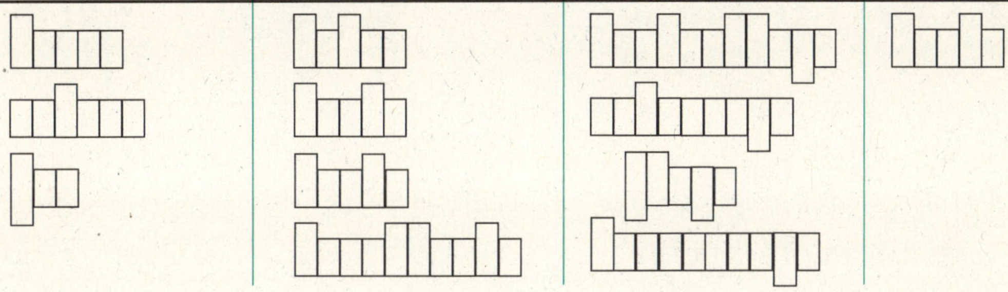

TIPP 3

8. *Bei Wörtern, die wie ks ausgesprochen werden, kannst du oft die Schreibweise durch Ableiten erklären.*

du leckst *lecken* ....
tagsüber ....
anfangs ....
Knicks ....
rings ....
Häcksel ....
nachmittags ....
längs ....

TIPP 3

9. *Suche verwandte Wörter. Die wie ks ausgesprochenen Buchstabenverbindungen werden in der ganzen Wortfamilie gleich geschrieben.*

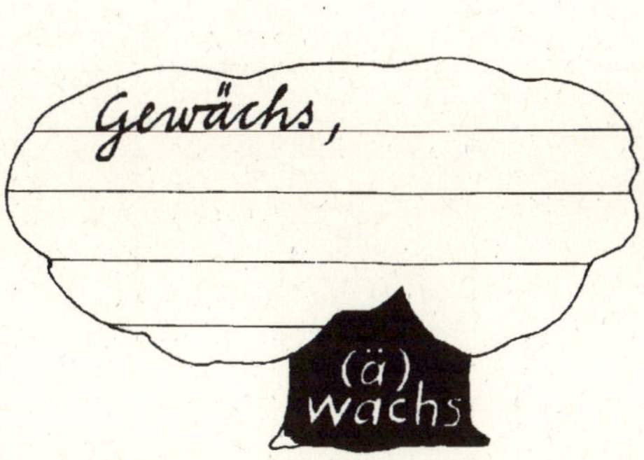

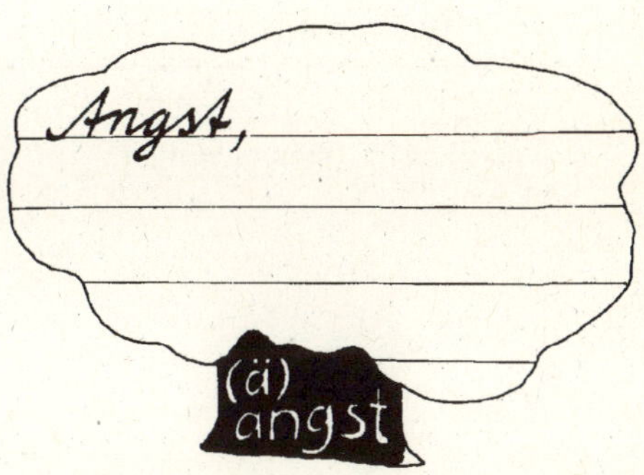

e oder ä?

Freundesgruß *(Günter Bruno Fuchs)*

Ich bin der kleinste Mann mit leeren H......nden.
Ich bin der ......rmste Mann mit kleinen H......nden.
Doch mit dir kann der kleine arme Mann
auch den größten Baum mit langen ......sten,
auch das hohe Haus mit vollen Tischen
in den kleinen leeren H......nden
über große Berge tragen.

TIPP 3

1. *In diesem Text fehlen einige Buchstaben. Setze sie richtig ein. Erkläre die Schreibung der drei Wörter.*

.... > ....

.... > ....

.... > ....

In dem Text taucht auch das Wort B e r g auf. Man hört beim Sprechen kaum einen Unterschied zu einem Wort mit ä wie H ä n d e.

Man schreibt ä, wenn es eine Ableitung mit a gibt. (Beispiel: Fährte > fahren*)*

TIPP 4

2. *Trage die entsprechenden Buchstaben ein.*

s......lten	K......lte	f......tt	l......nger
K......tte	k......lter	f......rtig	......rmel
entkr......ftet	j......hrlich	T......ter	

3. *Ordne die Wörter in die folgende Tabelle ein.*

Wörter mit e	Wörter mit ä	Ableitung mit a

e oder ä?

TIPP 3

4. *Erkläre auch die Schreibung der folgenden Wörter mit ä.*

Fähre fahren

er lässt

verjährt

ärgerlich

kräftig

er verfährt sich

Stärke

sich betätigen

zähmen

Kälbchen

städtisch

spärlich

lässig

gefährlich

ändern

erklären

quälen

zählen

5. *Bilde Personalformen der Verben.*

tragen – du trägst, er trägt

raten –

fahren –

TIPP 3

6. *Suche zu dem Wortstamm -sang- verwandte Wörter mit ä.*

TIPP 1

7. *Die folgenden Wörter mit ä sind Ausnahmen, die man sich gut merken muss.*
Gib eine kurze Begründung, warum es sich um Merkwörter handelt.

Ähre, Bär, sägen, Geländer, März, Lärm

eu oder äu?

8. *Setze ein: eu oder äu*

Trost *(Eugen Roth)*

Ein Mensch, entschlusslos und vertr......mt,
hat wiederholt sein Glück vers......mt.
Doch ist der Trost ihm einzur......men:
Man kann sein Unglück auch vers......men.

9. *Schreibe die drei Verben im Infinitiv (Grundform) auf und suche so viele verwandte Wörter wie möglich.*

....

....

....

Wenn es ein verwandtes Wort mit au gibt, schreibt man äu.

10. *Suche zu dem Wortstamm -kauf- verwandte Wörter mit äu.*

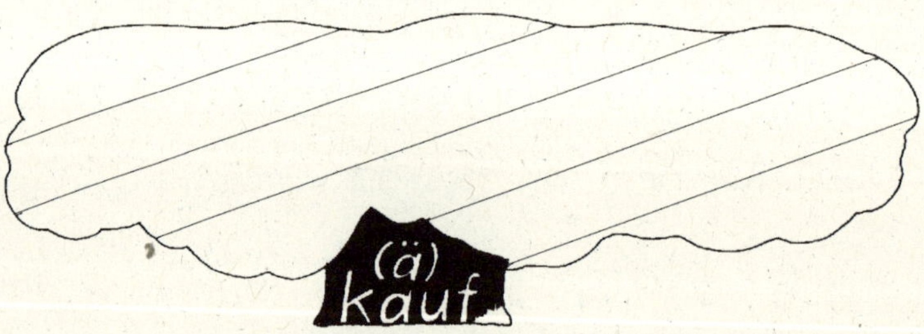

11. *Suche ein verwandtes Wort oder eine andere Form mit au*

Bäume	bäuerlich ....
träumerisch	aufhäufen ....
Häute	Säure ....

12. *Entscheide, ob mit äu oder mit eu. Schreibe unter die Wörter mit äu eine Ableitung mit au.*

bl......lich h......te s......berlich B......te R......me F......er Z......ne h......fig

....

eu oder äu?

TIPP 4

13. *Ordne die Wörter nach den Wortarten.*

Feuer, Scheune, Zäune, Zeuge, Reue, deutsch, freundlich, neu, Beute, neugierig, teuer, Leute, deuten, sich freuen, Geräusche, täuschen, räuchern, häufig, säuberlich, säubern, Verkäufer, verkäuflich, geräumig, Räume, Bäuerin, Bäume

Nomen (Substantive)	Verben	Adjektive

14. *Bilde mit Hilfe der Wörter in der Tabelle lustige Sätze. Es sollen möglichst viele Wörter mit eu und äu darin vorkommen.*

Heute freut sich mal wieder der Feuerteufel ganz ohne Reue und deutet auf das neue Feuer in der teuren Scheune.

TIPP 1

15. *Diese Wörter mit äu sind Ausnahmen. Es gibt für sie keine Ableitungen mit au. Zeichne um die Wörter ihre Umrisse.*

täuschen   Säule   räuspern

Knäuel   sträuben

das – ein Artikel oder Pronomen

Mia: Hast du an das Buch gedacht ?

Lore: Meinst du das Buch mit den Witzen? Das habe ich schon seit Wochen nicht mehr.

Mia: Nein, ich meine das Buch, das die interessanten Berichte aus der Zeitung enthält.

Lore: Buch ist übertrieben... Dann müsste es wohl das Heftchen sein, das du mir vorgestern geliehen hast.

Mia: Genau, das meine ich!

Lore: Aber das habe ich dir doch gestern schon mitgebracht.

Mia: Weißt du das genau?

Lore: Aber natürlich, das weiß ich sehr genau. Das Heft hat einen blauen Umschlag. Biene hat das auch gesehen. Sie war doch dabei ...

1. *In diesem Gespräch kommt das Wörtchen „das" häufig vor. Unterstreiche es.*

d a s kann sein:

A *ein Artikel (Begleiter)* *Beispiel:* D a s neue Automodell gefällt mir.

D *ein Demonstrativpronomen (hinweisendes Fürwort)* *Beispiel:* D a s ist unser Auto.
Ersatzwörter: dieses, jenes (Dieses / Jenes ist unser Auto.)

R *ein Relativpronomen (bezügliches Fürwort)* *Beispiel:* Das Auto, d a s uns gehört, ist nicht mehr ganz neu.
Ersatzwort: welches (Das Auto, welches uns gehört, ist nicht mehr ganz neu.)

TIPP 4

2. *Bestimme jeweils die Wortart von „das" im Text. Schreibe die Abkürzung darüber.*

3. *Ersetze in den folgenden Fantasiefilmtiteln das Wort d a s, wo dies möglich ist, durch ein Ersatzwort. Schreibe es darüber. Schreibe die Abkürzung für die entsprechende Wortart darunter.*

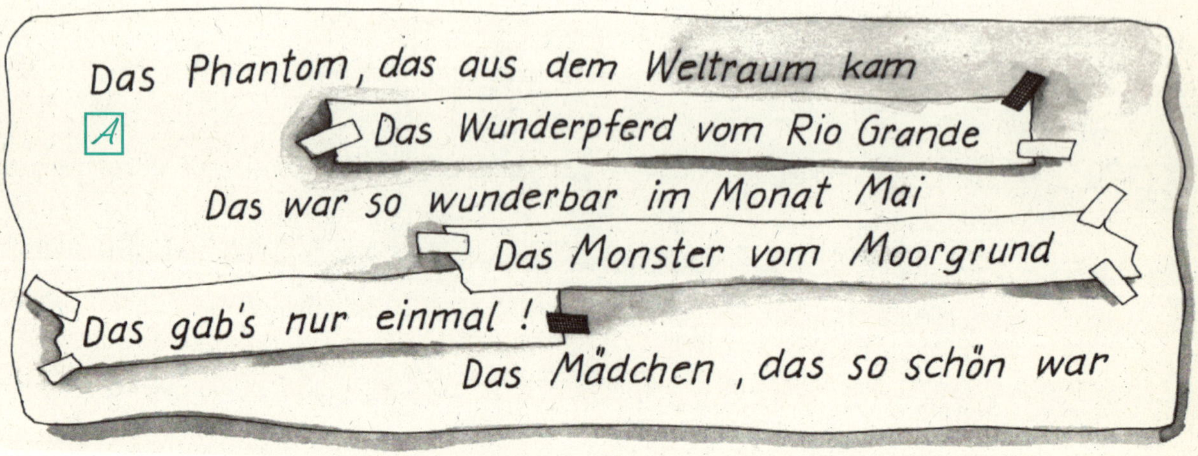

dass – eine Konjunktion

Kim: Weißt du schon, dass wir morgen frei haben?

Pascal: Woher weißt du denn, dass es kein Gerücht ist?

Kim: Ich glaube jedenfalls, dass es stimmt. Der SV-Sprecher meinte eben auch, dass morgen kein Unterricht ist.

Pascal: Und ich hoffe sehr, dass du Recht hast!

Kim: Dass du mal wieder hinterm Mond bist, wirst du ja gleich erfahren.

4. *Kennzeichne in allen Sätzen die Konjunktion (das Bindewort) d a s s durch Umkreisen.*

Die Konjunktion dass leitet immer einen Nebensatz (Gliedsatz) ein und verknüpft diesen mit einem Hauptsatz.

Hauptsatz	Nebensatz
Ich rechne damit,	dass du morgen mit zur Bücherei fährst.

TIPP 4

5. *Kennzeichne in den Sätzen oben jeweils den Hauptsatz und den Nebensatz in der gleichen Weise wie im Merksatz.*

6. *Bilde selbst Nebensätze, die mit dass beginnen. Der Nebensatz kann vor oder nach dem Hauptsatz stehen. Du musst möglicherweise etwas umstellen.*
Achte darauf, dass Hauptsatz und Nebensatz immer durch ein Komma getrennt werden.

sich freuen – du kommst

Ich freue mich, dass ....

Dass du .... *, freut mich.* ....

wir hoffen sehr – du bleibst lange bei uns

....

....

traurig machen – ich muss Abschied nehmen

....

....

uns ist klar – du gehst nicht gerne

....

....

Zum Testen

7. *Und hier kannst du üben: das oder dass?*

Zuvor noch eine Faustregel für die Schreibung von das und dass. Ergänze sie.

Wenn du dieses, jenes, welches einsetzen kannst, wird d a s geschrieben.
Wenn du die Ersatzwörter nicht einsetzen kannst, wird .... geschrieben.

8. *Setze das oder dass richtig ein.*
Kennzeichne anschließend die Wortart mit der entsprechenden Abkürzung:
A – *Artikel (das),* **D** – *Demonstrativpronomen (das, dieses, jenes)*
R – *Relativpronomen (das, welches),* **K** – *Konjunktion (dass)*

a) Da......... war Glück

Ein fünfjähriger Junge aus Hannover glaubte offenbar, da........... er fliegen könne. Da........... wollte er nämlich dem kleinen „Karlsson vom Dach", einer Figur der Kinderbuchautorin Astrid Lindgren, nachmachen. Er spannte einen Regenschirm auf und sprang aus fünf Metern Höhe vom Balkon. Da........... hätte schlimme Folgen haben können. Doch der Kleine hatte an diesem Tag da........... Glück gepachtet. Er landete so sanft auf dem weichen Rasen, da........... er keinerlei Verletzung davontrug. Der Zeitungsredakteur erfuhr, da........... der Kleine mit der Buchfigur „Karlsson" gut vertraut war. Dieser wohnt auf dem Dach und kann mit einem Propeller auf dem Rücken spazieren fliegen.
Da........... hatte dem Jungen gut gefallen und da........... wollte er auch können.

b) Da......... war filmreif

Ein zwölfjähriges Mädchen bewies, da........... es geistesgegenwärtig war. Als es nämlich bei einer Autofahrt bemerkte, da........... der Großvater am Steuer nach einer Herzattacke zusammenbrach, lenkte da........... Mädchen den Wagen vom Beifahrersitz aus durch die Stadt. Die Polizei bemerkte dazu, da........... sei eine filmreife Aktion gewesen.
Als drei Fußgänger da........... Auto auf sich zukommen sahen, mussten sie sich durch Sprünge in Sicherheit bringen. Da........... Mädchen konnte nicht verhindern, da........... da........... Auto einen Kellereingang und eine Hausmauer streifte; erst ein Verteilerkasten brachte da........... Gefährt zum Stehen. Inzwischen wurde bekannt, da........... es dem Großvater des Mädchens wieder besser geht.

Redezeichen

Sonja meint: Heute ist ein prima Wetter.

Mia fragt ihre Freundin: Eva, kommst du mit?

Lars bittet Kai: Leih mir mal dein Fahrrad!

1. *In diesen Sätzen fehlen Satzzeichen für die wörtliche Rede.*
Kennzeichne alles, was wörtlich gesagt wird, mit einer gestrichelten Linie (_ _ _).

2. *Kennzeichne den gesamten Begleitsatz durch Unterstreichen.*

So sehen die vollständigen ***Satzbilder*** *aus, wenn der* ***Begleitsatz vorn*** *steht:*

Sonja meint______ : „- .“
(Aussagesatz: endet mit einem Punkt)

____________________________ : „- ?“
(Fragesatz: endet mit einem Fragezeichen)

____________________________ : „- !“
(Aufforderungssatz/Wunschsatz/Ausrufesatz: endet mit einem Ausrufezeichen.)

TIPP 4

3. *Setze entsprechend die Satzzeichen und Zeichen für die wörtliche Rede in den drei Sätzen oben.*

4. *Trage die Sätze in die Satzbilder ein.*

Redezeichen

TIPP 4

5. *Stelle die drei Sätze aus Aufgabe 1 entsprechend um und trage sie in die Satzbilder ein.*

*Der **Begleitsatz** kann auch **hinten** stehen. Dann sehen die **Satzbilder** so aus.*

„ -- “, meint Sonja ________.

„ -- ?“, ________________________.

„ -- !“, ________________________.

*Der **Begleitsatz** kann auch in der **Mitte** stehen. **Satzbilder:***

„Heute“, meint Sonja, „--“

„Eva“, fragt ________________________, „------------------------ ?“

„Leih ----------------“, bittet ________________________, „dein ---------------- !“

6. *Zeichne unter die folgenden Sätze die Satzbilder.*

Herr Maier ruft: „Geht von meinem Rasen runter!“

„Es schneit“, jubelt Paula, „ich hole den Schlitten.“

„Wie geht es deiner Oma?“, fragt Max.

„Komm jetzt sofort!“, fordert Olga ihre Freundin auf.

Satzzeichen, die zum wörtlich Wiedergegebenen gehören, setzt man vor das abschließende Anführungszeichen; Satzzeichen, die zum Begleitsatz gehören, setzt man nach dem abschließenden Anführungszeichen

Zum Testen

7. *Setze bei den folgenden Witztexten die fehlenden Redezeichen. Orientiere dich an den Satzbildern.*

a) Die beiden Flöhe

Zwei Flöhe, die keine Arbeit haben, treffen sich auf der Straße. Ich möchte wenigstens mal ein paar hundert Euro im Lotto gewinnen , sagt der erste. Und was machst du dann mit dem Geld? fragt der andere. Darauf erwidert der erste Floh: Dann kaufe ich mir einen Hund, ganz für mich allein.

b) Der Papagei

Der Verkäufer in der Tierhandlung preist auf folgende Weise einen hübschen Papagei an: Sehen Sie, gnädige Frau, wenn Sie an dem Kettchen am rechten Bein ziehen, dann wünscht der Papagei Ihnen ‚Guten Tag'. Ziehen Sie aber am Kettchen vom linken Bein, dann sagt das gute Tier ‚Auf Wiedersehen'. Ist doch toll, nicht?
Das ist ja wirklich ganz fantastisch , sagt die Dame, ich weiß jetzt nur noch nicht, was passiert, wenn ich an beiden ziehe. Dann fall' ich auf die Schnauze , krächzt daraufhin der Papagei.

c) Nicht mehr neu?

Ein Mann kommt zum Zirkusdirektor und sagt selbstbewusst: Herr Direktor, ich würde gern beim Zirkus arbeiten, denn ich kann sehr gut Vögel nachmachen.
Der Zirkusdirektor winkt müde ab und meint nur: Junger Mann, die Nummer ist nun wirklich nicht mehr neu.
Na schön, meint daraufhin der Mann, dann eben nicht!
Und mit diesen Worten fliegt er aus dem Fenster.

Kommas bei Aufzählungen

Flohmarkt

Auf dem Dorffest gibt es viele Attraktionen zu sehen: Karussells eine Jugendtanzgruppe und eine Blaskapelle.

Vor dem Rathaus dürfen die Kinder aktiv werden. Auch Annika Jochen und Mareike machen mit.

Die Kinder organisieren einen Flohmarkt. Sie bauen ihre Stände auf breiten auf dem Rasen ihre Decken aus und bieten alle möglichen Dinge zum Verkauf an.

1. *In diesem Text werden an einigen Stellen Wörter und Wortgruppen aufgezählt. Setze jeweils in ein Kästchen, w a s aufgezählt wird. Dies können zum Beispiel Gegenstände, Personen und Tätigkeiten sein.*

Aufzählungen werden durch ein Komma getrennt. Vor u n d und o d e r steht bei Aufzählungen ***kein*** *Komma.*

Ich verkaufe Bücher, Comics und / oder Kassetten.

Komma *kein Komma*

TIPP 4

2. *Setze in den Sätzen oben die Kommas.*

TIPP 4

3. *Bilde aus dem folgenden Wortmaterial Sätze mit Aufzählungen und setze die Kommas. Unterstreiche die Aufzählungen.*

Flohmärkte finden noch statt ...

am Donnerstag am Freitag am Sonntag

....

....

In diesem Jahr gibt es einen Flohmarkt ...

beim Schulfest bei der Jubiläumsfeier bei der Kirmes

....

....

Kommas bei Aufzählungen

4. *Dies ist der Flohmarktstand von Annika. Peter möchte gern etwas kaufen. Bilde Sätze mit Aufzählungen; setze das Komma.*

Er weiß noch nicht, ob er ....

.... kaufen soll.

Er wünscht sich ein ....

....

Er sucht noch nach ....

....

Doris dagegen entscheidet sich sofort für ....

....

5. *Und hier ein „frommer Wunsch": Setze in dem kleinen Gedicht die fehlenden Kommas.*

Faulenzen *(Josef Reding)*

Manchmal möchte
man
faulenzen
wie ein
Gulli im
Sonnenschein
wie ein Rasenmäher
im Winter
wie eine
Nachttischlampe
am
Tag.

Kommas bei Einschüben, Ausrufen, Anreden

Satzzeichen unter sich *(Hans Manz)*

Wenn ich Komma Komma Komma
die Sätze nicht gliedern würde Komma
könnte man sie gar nicht verstehen Punkt

Ach Komma du Großhans Komma
du willst mehr sein als ein Fragezeichen Fragezeichen

6. *Schreibe den Text ab. Setze dazu statt der Wörter (wie „Komma") das entsprechende Satzzeichen. Aber Achtung! Zweimal muss das Wort auch stehen bleiben.*

....

....

....

....

TIPP 4

7. *Setze die Kommas.*

Annika Peters Freundin erweist sich auf dem Flohmarkt als eine richtige Verkaufskanone.
Den Teddybär ein Geschenk von früher verkauft sie im Handumdrehen.
Peter ganz glücklich weiß schon was er mit dem Erlös anfängt.

8. *In jedem der folgenden Ausrufe ist mindestens ein Komma zu setzen.*

Hallo schauen Sie doch mal her!
Kannst du nicht eine schöne Eisenbahn gebrauchen Dennis?
Annika hilf mir doch mal eben beim Einpacken!
Du bist heute wirklich Spitze Pia!

Das Komma trennt Einschübe, Ausrufe und Anreden vom übrigen Satz.

Kommas trennen Sätze voneinander

Komma in der Satzreihe

Das Wetter spielt mit, die Kinder verkaufen ihre Sachen und die Kasse stimmt.
Peter sorgt für interessierte Käufer, Annika führt die Verkaufsverhandlungen und Mareike packt die Sachen ein.
Peter will noch Karussell fahren, aber Mareike und Annika wollen so schnell wie möglich nach Hause.
War nun die Flohmarkt-Aktion ein Reinfall, war es ein Erfolg oder war der Verkauf mittelmäßig?

*Hauptsätze können **allein** stehen.*

9. *Unterstreiche in den Sätzen oben die Hauptsätze.*

Eine Aneinanderreihung von Hauptsätzen nennt man Satzreihe. In einer Satzreihe kann man die einzelnen Hauptsätze durch Kommas voneinander absetzen.
*Satzreihen können auch durch Konjunktionen (Bindewörter) wie u n d, o d e r, a b e r, d o c h, d e n n verbunden sein. Nur **vor und / oder** muss **kein Komma** stehen.*

TIPP 4

10. *Setze die Kommas.*

Einige Bücher sind übrig geblieben die Malhefte wurden verkauft. Die Murmeln waren schnell weg denn alle wollten welche haben. Annika hat nicht mit so vielen Käufern gerechnet aber im nächsten Jahr bringt sie noch mehr Sachen mit. Mareike ist ganz begeistert und sie will unbedingt wieder mitmachen.

Kommas trennen Sätze voneinander

Komma im Satzgefüge

Sven ist es zu Hause so langweilig dass er noch zum Flohmarkt geht.

Als Sven ankommt sind Peter und Mareike schon weggegangen.

Sven der jetzt enttäuscht ist bummelt noch ein wenig auf der Kirmes herum.

11. *Versuche in den oben stehenden Satzgefügen die Nebensätze ausfindig zu machen und kennzeichne sie durch eine Wellenlinie.*

Man kann Nebensätze daran erkennen,

– dass die flektierte Verbform immer am Schluss steht,

– dass sie mit einer Konjunktion (dass, als, nachdem, ...) oder mit einem Relativpronomen (der, die, das, welcher ...) beginnen,

– dass sie nicht alleine stehen können.

flektiert = gebeugte Verbform
ich habe, du hast

In einem Satzgefüge sind Hauptsatz und Nebensatz (Gliedsatz) zusammengefügt.
Hauptsatz und Nebensatz werden immer durch ein Komma getrennt. In Satzgefügen können Hauptsatz und Nebensatz jeweils vorn oder hinten stehen.

12. *Kennzeichne jetzt in den Satzgefügen oben die Hauptsätze durch Unterstreichen. Setze danach die Kommas.*

TIPP 4

13. *Hier kannst du üben. Kennzeichne Hauptsatz und Nebensatz wie oben und setze die Kommas. Achtung! Der Hauptsatz kann auch durch den Nebensatz unterbrochen werden.*

Nachdem Sven eine halbe Stunde auf der Kirmes herumgelaufen ist trifft er seinen Freund Peter.

Peter der sich wie ein Krösus vorkommt gibt Sven ein Eis aus.

Als die beiden nach Hause gehen wollen treffen sie auf Annika und Mareike.

Mareike will nach ihrem Hausschlüssel suchen den sie offenbar beim Flohmarkt verloren hat.

Kommasetzung auf einen Blick

Komma

bei Aufzählungen	*bei Einschüben und Anreden*	*zwischen Hauptsätzen (Satzreihe)*	*zwischen Hauptsatz und Nebensatz (Satzgefüge)*
Tina, **Jochen** und **Yvonne** gehen zur Party.	Pascal, **mein Freund**, kommt mit. **Hallo**, wie geht es dir?	**Heute gehe ich zum Schwimmen, mein Bruder kommt mit.**	**Ich gehe in die Bücherei,** *weil ich mir ein Buch holen will.*

Zum Testen

TIPP 4

14. *Setze die fehlenden Kommas.*

a) Winterschlaf bei der Polizei

Ausgerechnet das Bonner Polizeipräsidium hatte sich ein Siebenschläfer zur Überwinterung ausgesucht: Polizisten stöberten ihn auf als sie alte Unterlagen suchten. Das Tier hatte sich durch einen Aktenordner gefressen und mit den Schnipseln ein Lager gebaut. Es wurde in das Bonner Naturkundemuseum gebracht damit es dort unter fachgerechter Aufsicht seinen Winterschlaf fortsetzen kann.

b) Kleider zum Frühstück

Der 26-jährige Engländer Kevin James hat alle seine Kleider aufgegessen weil ihm sein Frühstück in einer Untersuchungszelle der Ortspolizei nicht schmeckte. James verzehrte sein Hemd seine Hose seine Unterwäsche seine Socken und sogar seine Schuhe. Als er als Nachspeise seine Krawatte verzehren wollte schritten die Polizisten ein. Zu seinem Gerichtstermin kam James mit Verspätung weil er nichts anzuziehen hatte. Er erschien schließlich in einem Polizei-Overall.

Trennung nach Sprechsilben

TIPP 2

1. *Hier hat jemand Schwierigkeiten mit der Worttrennung am Zeilenende. Trenne die entsprechenden Wörter nach Sprechsilben.*

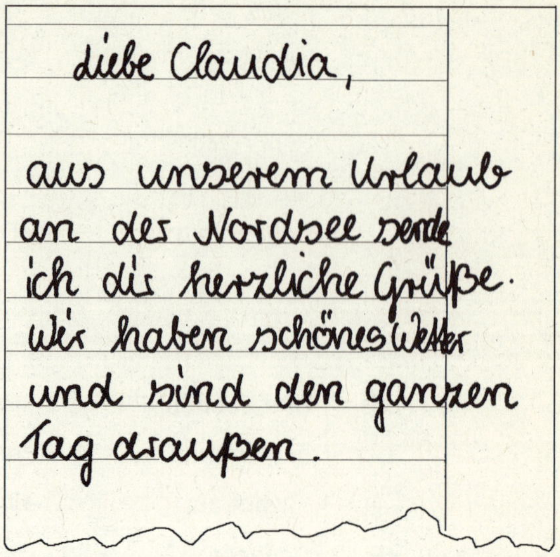
Liebe Claudia,

aus unserem Urlaub
an der Nordsee sende
ich dir herzliche Grüße.
Wir haben schönes Wetter
und sind den ganzen
Tag draußen.

Ur-laub ....

....

Geschriebene Wörter trennt man am Zeilenende nach Sprechsilben. Bei langsamem Sprechen kannst du diese heraushören. Einsilbige Wörter lassen sich nicht trennen.

TIPP 2

2. a) *Streiche von den folgenden Wörtern diejenigen durch, die man nicht trennen kann.*

Abend, Kasten, Hund, Katze, Schulhof, Efeu, Eltern, Ufer, beißen, entkommen, vergessen, Sohn, Ruine, Familie, ehrlich, herzlich, matt, meistens, Ruß

b) *Schreibe jetzt die übrigen Wörter auf. Trenne sie dabei nach Sprechsilben.*

A-bend, Kas-ten ....

....

....

Wenn die Buchstabenverbindungen ck, ch, sch für einen Konsonanten stehen, trennt man sie nicht.

3. *Trenne entsprechend die folgenden Wörter.*

Zucker, lecker, blicken, backen, lachen, machen, duschen, herrschen

Zu-cker ....

....

4. *Suche zu drei Wörtern jeweils ein verwandtes Wort und trenne es nach Sprechsilben.*

Zucker – zu-ckern ....

....

Diktate zum Üben

Geschichten von lustigen Schelmen

Bei den unten stehenden Übungsdiktaten sind schwierige Merkwörter hervorgehoben.
Um dir die Schreibweise fest einzuprägen, solltest du diese Wörter gesondert üben.
Das kannst du zum Beispiel auf folgende Weise tun:

– die Wörter buchstabieren,
– die Wörter nach dem Abc ordnen,
– verwandte Wörter aufschreiben, Beispiele: Abenteuer – abenteuerlich, Abenteuerurlaub
Lügenbaron – Lüge, belügen
– die Wortkonturen des Wortes zeichnen, Beispiel: Abenteuer

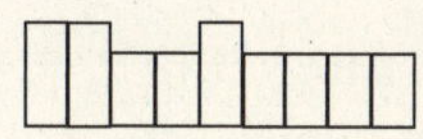

Bevor du dir also den ganzen Text diktieren lässt (von Schrägstrich zu Schrägstrich / /), solltest du

– ihn sorgfältig lesen,
– die Merkwörter gesondert üben um dir ihre Schreibung einzuprägen,
– auf unterschiedliche Weise mit dem Text üben.

Zu diesem Zweck sind unter dem jeweiligen Text Möglichkeiten zur Übung angegeben.

1 Wer war Till Eulenspiegel?

Till Eulenspiegel lebte / vor über 600 Jahren. / Er war ein Spaßmacher und Schelm, / der den Leuten / gerne Streiche spielte. / Seine Streiche / erzählte man sich überall. / Später wurden sie aufgeschrieben / und in Büchern gedruckt.

So kannst du üben:

– Wörter mit gleichen Wortbauteilen suchen

lebte – webte

Schelm – ……

– die Schreibung ableiten

lebte – ……

gedruckt – d

– Wortfamilien zusammenstellen

spielte – Spiel

gedruckt – Drucksachen

Diktate zum Üben

2 Der Lügenbaron

Der Freiherr von Münchhausen / ist als Lügenbaron bekannt geworden. /
Eines seiner tollen *Abenteuer* / hört sich aus seinem Munde so an: /
„Mein Pferd konnte ausgezeichnet springen. / Einmal verfolgte ich einen Hasen, /
der *querfeldein* über eine Straße lief. / Über diese Straße /
fuhr gerade eine *Kutsche* / mit zwei schönen Damen. /
Mein *braves* Pferd / sprang, ohne zu zögern, /
mit einem gewaltigen Satz /
durch die geöffneten Fenster der Kutsche. /
Ich hatte kaum Zeit / meinen Hut zu ziehen / und die Damen /
für die Störung / um Entschuldigung zu bitten."

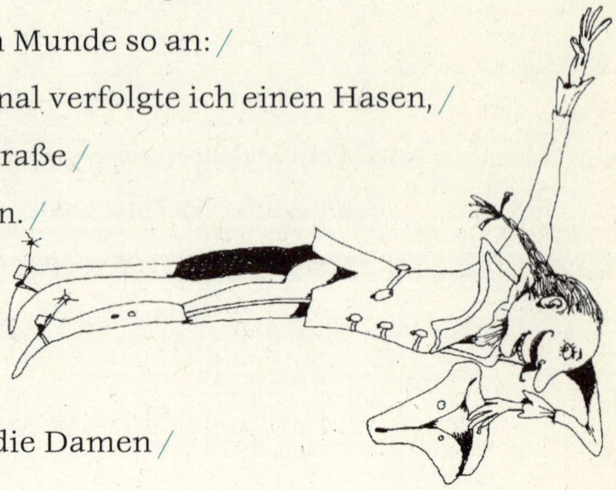

So kannst du üben:

– zusätzliche Wörter mit gleichen Fehlerschwerpunkten aufschreiben.
(Das erste Wort ist jeweils aus dem Text entnommen.)

tollen – wollen, rollen, sollen, ...

die Entschuldigung – ....

bitten – ritten, ...

verfolgen – ver..........

– die Schreibung von Wörtern ableiten, indem du eine andere Form bildest.

hört – sie hörten ....

Pferd – ....

Zeit – ....

Störung – ....

sprang – ....

– zu einer Wortfamilie unterschiedliche Wortarten zusammenstellen

ausgezeichnet – auszeichnen, die A..........

3 Eulenspiegel als Seiltänzer

Als Eulenspiegel mal wieder / auf dem Seil tanzte, / versammelten sich viele Menschen / um ihm zuzusehen. / Eulenspiegel wollte den Leuten / einen Streich spielen. / Er rief ihnen zu, / er wolle ihnen / ein besonderes Kunststück zeigen. / Dazu brauche er ihren linken Schuh. / Alle Leute zogen ihren Schuh aus / und reichten ihn Eulenspiegel. / Als nun Eulenspiegel / auf dem Seil stand / und seine Kunststücke machte, / rief er den Leuten zu: / „Hier habt ihr eure Schuhe zurück!" / Mit diesen Worten / warf er die Schuhe hinunter. / Das gab / ein fürchterliches Gedränge, / denn jeder / wollte seinen Schuh wiederhaben. / Eulenspiegel aber freute sich, / dass ihm sein toller Streich / gelungen war.

So kannst du üben:

– weitere Wörter mit gleichen Wortteilen suchen

herunter – herüber

zusehen – zuwinken

– die Schreibweise ableiten

gab – ....

Gedränge ....

stand – ....

– Wörter trennen um die richtige Schreibung herauszuhören

wollen – wol – len , versammeln – ....

alle – ...., toller – ....

– eine Wortfamilie zusammenstellen

fürchterlich – Furcht, furchtsam

Gedränge – ....

Diktate zum Üben

4 Der türkische Eulenspiegel

Nasredin Hodscha ist *gleichsam* der türkische Eulenspiegel. Er lebte vor 700 Jahren in der Türkei. Von Nasredin werden viele Geschichten erzählt.
Er galt als klug und witzig. Durch seine Geschichten brachte er die *Leute* oft zum Nachdenken. Hodscha war ein *Ehrenname* für einen gelehrten Mann. Ein solcher Mann durfte einen *Turban* tragen.

So kannst du üben:

– Wörter mit gleichen Wortteilen suchen

witzig – spitz .... tragen – fragen ....

– die Schreibweise ableiten

lebte – .... klug – ....

galt – ....

– eine Wortfamilie zusammenstellen

lebt – leben, verleben, das ....

tragen – vertragen, der Träger, ...

5 Wem glaubst du mehr?

Eines Tages / kam ein Freund zum Hodscha / und fragte ihn, / ob er ihm / seinen Esel leihen könne. / Der Hodscha antwortete, / er habe ihn leider schon / *einem anderen* ausgeliehen. / In diesem Augenblick begann der Esel laut zu schreien. / Als der Freund / ihn darauf *aufmerksam* machte / und die Antwort des Hodscha anzweifelte, / meinte dieser: / „Glaubst du / den Worten des Esels mehr / als meinen Worten?"

So kannst du üben :

– Wörter mit gleichen Wortteilen suchen

leihen – verzeihen, ...

Augenblick – Genick, ...

– die Schreibweise ableiten

glaubst – ....

er begann – ....

6

Der Hodscha und sein Esel

Eines Tages kam der Hodscha auf seinem Esel im Galopp durchs Dorf geritten. Plötzlich fiel er herunter. Die Kinder kamen *herbeigelaufen* und machten sich über ihn lustig. Sie fragten ihn, wie es komme, dass er heruntergefallen sei. *Daraufhin* meinte der Hodscha: „Worüber lacht ihr eigentlich, ich wollte doch *sowieso* absteigen."

So kannst du üben:

– Wörter mit gleichen Wortteilen aufschreiben

eigentlich – freundlich, ...

lacht – macht, acht, ...

– eine Wortfamilie zusammenstellen

fiel – fallen, fällen, auffallen, der Verfall, Baumfäller, ...

– Wörter mit ähnlicher Schreibweise zusammenstellen

herbeilaufen – weglaufen, absteigen, ...

Mit den folgenden Texten kannst du selbstständig üben. Du kannst dabei ähnliche Übungsformen anwenden wie bei der ersten Textgruppe, also zum Beispiel:
– besonders schwierige Wörter (Merkwörter) unterstreichen und gesondert üben,
– die Schreibweise ableiten,
– Wortfamilien zusammenstellen.

7

Der Lügenbaron Münchhausen erzählt

Der Baron von Münchhausen hat vor etwa 200 Jahren wirklich gelebt. Sein Vater hatte ein Gut in Bodenwerder an der Weser. Münchhausen lebte wie die anderen Barone auch. Wenn er seinen Gästen beim Punsch nicht seine Lügengeschichten erzählt hätte, wäre er nie als Lügenbaron so berühmt geworden. Später wurden die Geschichten von Münchhausen aufgeschrieben und gedruckt.

Diktate zum Üben

8 **Vorbemerkung**

Bevor ich zu erzählen beginne, möchte ich versichern, dass alles, was ich hier sage, die reine Wahrheit ist.
Manch einer nimmt es bei seinen Reiseerzählungen nicht so genau mit der Wahrheit. Da ich so überaus Seltsames erlebt habe, liegt der Verdacht nahe, dass auch ich zur Aufschneiderei neige. Wer dieser Ansicht ist, sollte meinen Erzählabenden fernbleiben.

9 **Jagdglück**

Eines Tages begegnete mir auf der Pirsch ein stattlicher Hirsch.
Unglücklicherweise hatte ich keine Kugel mehr für mein Gewehr. Geistesgegenwärtig griff ich in die Tasche, holte ein paar Kirschkerne heraus, lud damit mein Gewehr und schoss dem Hirsch die Kirschkerne mitten zwischen das Geweih. Der Hirsch wankte, flüchtete aber in hohen Sätzen in das Dickicht.
Als ich einige Jahre danach im gleichen Wald auf der Pirsch war, trat mir plötzlich aus dem Gebüsch ein gewaltiger Hirsch entgegen. Aber wie wunderte ich mich erst, als ich sah, dass er zwischen seinem Geweih einen prächtigen Kirschbaum trug.
Jetzt wurde mir alles klar.

10 **Ein vollendeter Kavalier**

Jetzt möchte ich von meinem prächtigen Pferd erzählen. Einmal jagte ich einem Hasen nach. Er schlug gerade einen Haken vor einer Kutsche mit zwei schönen Damen.
Da mir die Kutsche im Weg war, gab ich meinem Pferd die Sporen und mein Pferd sprang durch das eine Kutschfenster hinein und durch das andere wieder hinaus.
Keine der beiden Damen wurde dabei angestoßen oder gar verletzt.
Ich hatte gerade noch Zeit im Vorbeispringen meinen Hut zu ziehen und mich bei den Damen für die Störung zu entschuldigen.

11 **Ein Wunderpferd**

Ein anderes Mal wollte ich auf meinem Pferd einen Sumpf überqueren. Als wir am Rande absprangen, konnte ich noch nicht überschauen, wie breit der Sumpf war.
Das merkte ich erst im Sprung. Kurz entschlossen gab ich dem Tier ein Zeichen und lenkte es so mitten im Fluge um, sodass wir genau an der Stelle wieder landeten, wo wir abgesprungen waren.

Häufige Fehlerwörter

Die folgende Wörterliste enthält Wörter, die öfter falsch geschrieben werden. Viele Merkwörter entstammen diesem Arbeitsheft.

Du kannst mit der Wörterliste zum Beispiel in folgender Weise arbeiten:

- *Du schaust dir eine Reihe von Wörtern (zunächst etwa fünf oder sechs, später mehr) sehr genau an und merkst sie dir, indem du sie zum Beispiel buchstabierst.*
  Danach lässt du dir die Wörter diktieren und schreibst sie auf. Eine nachträgliche Kontrolle ist wichtig, damit du dir keine falsche Schreibung einprägst.
- *Du suchst aus der Wörterliste Wörter nach bestimmten Gesichtspunkten heraus und schreibst sie auf.*
  Beispiele: 10 Verben mit einem f-Laut; 10 Nomen (Substantive) mit einem s-Laut; 20 Wörter mit ie; alle Wörter, die Gegenstände benennen, die es in einer Stadt gibt; alle Nomen (Substantive), die ausdrücken, was man sich vorstellen kann.

A

der Aal
abends
allmählich
die Ameise
anders
ändern
anfangs
die Angst, Ängste
die Ähre
ängstlich
der Ärger
ärgerlich
der Arm, der Ärmel
der Arzt, die Ärzte

B

das Baby
bald
der Bär
die Beere
das Beet
die Behauptung
das Benzin
beobachten
am besten
das Bett
ein bisschen
der Bleistift
blühen
der Buchstabe
bunt

C

der Clown
der Computer

D

der Delphin/Delfin
das Diktat
diktieren
duzen

E

die Eltern
endlich
entdecken
entscheiden, er entschied
die Erbse
das Erlebnis
erleben
die Eule
die Existenz
der Export
extrem

F

das Fahrrad
das Fenster
fett
das Fieber
flehen
der Fluss, die Flüsse,
das Flüsschen
fließen
fotografieren
fressen
der Fuß

G

die Gans
ganz
der Garten
der Gärtner
gefährlich
das Geländer
das Geld
das Gesetz
das Gespenst
gestern Abend
gestern Morgen
gewiss
das Gewissen
die Gewissheit
der Gips
gratulieren

H

das Haar
die Harke
der Hass
hässlich
die Haut, die Häute
heizen
heraus
herauskommen
der Herbst

Häufige Fehlerwörter

das Herz
heute Abend
heute Morgen
hohl
holen
das Holz

I

der Igel
ihm
ihn
ihr
informieren
interessant
irgendwo

J

das Jahr
jährlich
jemand
jetzt

K

kalt
kaputt
keineswegs
die Kerze
der Kloß
das Knäuel
die Kraft
kräftig
krank
der Krebs
die Kuh, die Kühe
kurz
der Kuss, die Küsse

L

der Lärm
läuten
leer
der Lehrer
die Leute
das Lineal

M

das Mahl (Essen)
das Mal (ein letztes Mal)
das Mädchen
das Märchen
der März
der Markt
das Meer
mehr
mittags
der Montag
das Moor
morgens
das Motorrad
die Mühe
müssen, ich muss, du musst

N

der Nachmittag
nachmittags
nachts
der Name
nämlich
die Nase, das Näschen
der Nebel
niemand
der November
die Nuss, die Nüsse

O

das Obst
oft

P

das Paar
ein paar Tage
das Papier
der Pass
der Pfennig
das Pferd
der Pfirsich
die Pflanze
plötzlich
der Polizist
die Praline
das Produkt
das Publikum
der Pudding

Q

die Qualle
die Qual
der Quark
quer
quietschen

R

raffiniert
der Rand, die Ränder
raten
das Rätsel
rechts
reisen, du reist
reißen
reizend
ruhen
ruhig
rund

S

der Saal
die Säule
die Schale
schließlich
die Schnauze
der Schnee
sechs
der See
sehen
seitdem
seltsam
der September
setzen
sodass/so dass
sogar
sonntags
der Spaß
stolz
der Staat
die Straße
die Szene

Häufige Fehlerwörter

T

täuschen
tagaus
das Tal
das Taxi
die Technik
der Tee
telefonieren
die Terrasse
der Tiger
der Tipp
der Ton
das Tor
trainieren

U

die Uhr
unbedingt
ungefähr
die Unterhaltung
der Unterricht
unterwegs
uralt

V

die Vase
das Veilchen
der Verein
versäumen
verzweifelt
das Vieh
viel
vielleicht
vier
vierzehn
der Vogel
der Vokal
das Volk
völlig

W

die Wahl
die Wand
während
wenig
wider (gegen)
widersprechen
der Widerspruch
widerwillig
wieder (noch einmal)
wiederholen
das Wiesel
wissen, ich weiß

Z

der Zeh
zehn
das Zelt
der Zentimeter
das Zeugnis
ziemlich
der Zins
der Zirkus
die Zitrone
zuletzt
zwanzig

Textquellen:

S. 10: Duden, Die deutsche Rechtschreibung. Dudenverlag, Mannheim / Leipzig / Wien / Zürich, 1996
S. 32: Christian Morgenstern, Ein ästhetisches Wiesel. Aus: Alle Galgenlieder, Insel Verlag, Frankfurt/M
S. 33: Josef Guggenmos, Wenn Riesen niesen. Aus: Das achte Weltwunder. 5 Jahrbuch der Kinderliteratur. Hrsg. von Hans - Joachim Gelberg, Beltz-Verlag, Weinheim und Basel 1981
S. 44: Igelkrankheiten verhüten und bekämpfen. Aus: Helga Fritzsche, Igel als Wintergäste. Verlag Gräfe und Unzer, München
S. 45: Schlange im Eimer. Aus: Westfalenblatt, 22.8.95
S. 46: Erich Kästner, Der Sanftmütige. Aus: Erich Kästner, Kurz und bündig. Atrium Verlag, Zürich
S. 48: Frederik Hetmann, Sandsturm in Texas. Aus: Frederik Hetmann, Wildwest-Show. Beltz Verlag, Weinheim und Basel 1973
S. 49: Joachim Ringelnatz, Die Ameisen. Aus: Joachim Ringelnatz, Das Gesamtwerk in sieben Bänden, Heussel-Verlag, Berlin 1985
S. 54: Heinz Erhardt, Die Schnecke. Aus: Das große Heinz Erhardt Buch, Fackelträger Verlag, Hannover 1970
Joseph Guggenmos, Wenn Riesen niesen. a.a.O.
S. 58: Vera Ferra-Mikura, Darüber wundert sich das „V". Aus: Das Sprachbastelbuch. Verlag Jugend und Volk, Wien / München, 1975
S. 62: Günter Bruno Fuchs, Freundesgruß. Aus: Hans Joachim Gelberg (Hrsg.), Die Stadt der Kinder. Georg Bitter Verlag, Recklinghausen 1969
S. 64: Eugen Roth, Trost. Aus: Das Eugen-Roth-Buch, Hanser Verlag, München 1966
S. 71: Die beiden Flöhe. Aus: Elke Kahlert, Friedrich Kohlsaat, Witzkiste. Rowohlt-Verlag, Reinbeck 1980
S. 73: Josef Reding, Faulenzen. Aus: Gutenbergtexte. Herder Taschenbuch, Freiburg 1987
S. 74: Hans Manz, Satzzeichen unter sich. Aus: Hans Manz, Die Welt der Wörter. Beltz-Verlag, Weinheim 1991

Alle weiteren Übungstexte wurden erfunden oder frei nacherzählt von Peter Kohrs.

Bildquelle:
S. 21: Jean Jacques Sempé, Wie sag ich's meinen Kindern? Diogenes Verlag AG, Zürich 1960

Redaktion: Eleonore Kunz
Gestaltung und technische Umsetzung: Eckhardt Natorp

Cornelsen online http://www.cornelsen.de

2. Auflage € Druck 12 11 10 9 Jahr 07 06 05 04

Druck: CS-Druck CornelsenStürtz, Berlin

ISBN 3-464-03685-5

Bestellnummer 36855

Gedruckt auf Recyclingpapier, hergestellt aus 100% Altpapier.

Rechtschreiben: Alles klar!

Lern- und Übungsheft **1** *für das 5./6. Schuljahr*

Lösungen

Seite 4:

Aufgabe 2

anschließend, Stubentiger, Ahornbaum, Feuerwehrmänner

Aufgabe 3

dick, ich – Lehrer, Lehre, in – Maus, Loch, aus – rein, einfach, Verein, Fach – Beruf, Feuer, Feuerwehr, euer, Wehr – auf, halten, Gehalt, alt – hinauf, auf, hin, in, Weg, bewegen, wegen

Seite 5:

Aufgabe 4

der Urlaub, die Anstalt, der Hund, der Rand, die Leber, das Lamm, die Raben/der Rabe

Aufgabe 5

Bei / diesem / Satz / musst / du / sehr / genau / hinsehen, / sonst / entdeckst / du / die / einzelnen / Wörter / nicht / und / hast / Schwierigkeiten / mit / dem / Entschlüsseln

Aufgabe 6

Wall, bitte, Latten, Schall, kalt, Kammer, Sonne, buddeln, betten

Seite 6:

Aufgabe 7

g oder k? sie lagen / das Laken, die Grippe / die Krippe
b oder p? Pein / Bein, packen / backen
s oder ß? reisen / reißen, Masern / Maße
d oder t? Dorf / Torf, Daten / Taten

Aufgabe 8

Küste / Kiste, vier / für, heilen / heulen, lügen / liegen

Aufgabe 9

Uschi, meine Freundin, ist zurzeit verreist.
Hilfst du mir mal, Johanna?
Hallo, wie geht es dir?
Ich gehe heute Nachmittag zu Jochen, einem Mitschüler aus der Klasse 5a.

Seite 7:

Aufgabe 10

Nomen: Band – Bänder, Berg – Berge, Rad – Räder, Haus – Häuser
Adjektiv: eng – ein enger Mantel, herb – (ein) herber (Duft), weit - (ein) weiter (Weg)
Verb: sie ging – sie gingen, er hob – sie heben, er biegt ab – abbiegen

Aufgabe 11

Nomen: Zwerg – Zwerge, Land – Länder, Gras – Gräser, Los – Lose, Rat – Räte, Wand – Wände
Adjektiv: hart – ein hartes Leben, lang – eine lange Zeit, bunt – eine bunte Decke, rund – ein runder Kuchen
Verb: sie harken, sie springen, sie loben, wir holen, wir hupen, wir heben, sie rasen, wir blasen, sie rauben, sie fangen

Seite 8:

Aufgabe 12

die Farbe, die Taube, die Sauberkeit, laufen, der Bauer, der Band, die Mauer, der Kamm, warten

Aufgabe 13

Nomen / Substantive schreibt man groß.

Aufgabe 14

In diesem Satz stimmt etwas nicht mit der Rechtschreibung, er enthält drei Fehler.

Seite 9:

Aufgabe 15

b Herz, Bäcker, Walze, Hetze, Hecke, Klecks, Witz, Kranz
a ü | ber | ra | schen, ra | scheln, schnar | chen, aus | la | chen, Ak | ten | ta | sche
c Magst du lieber einen Apfel, eine Birne oder eine Banane? Corinna weiß noch nicht, ob sie heute zum Schwimmen geht, in die Bücherei fährt oder Tennis spielt.
e leise, Reise, sausen, Gläser, Wiesel, böse, Esel
d Ich wünsche dir alles Gute. Es gibt wenig Neues zu berichten. Sie entdeckte allerlei Schönes.

Seite 10:

Aufgabe 16

1. Cafeteria, 2. Konzentrat, 3. Konzentration, 4. konzentriert, 5. konzentrisch, 6. Saison, 7. Saisonarbeiter, 8. Saisonarbeiterin 9. Saisonbeginn, 10. Saisonende, 11. Saisoneröffnung, 12. saisonweise

Aufgabe 17

Konzentration, Café, Saison

Seite 11

Aufgabe 1–3

Samstag, 8.4.

Heute soll es losgehen. Wir freuen uns schon auf die Ferien an der Ostsee. Eigentlich wollen wir schon früh auf der Autobahn sein, aber aus diesem Vorsatz wird nichts. Meine Mutter muss noch schnell zur Drogerie und mein Vater muss noch ein Buch vom Buchhändler holen, das er in den Ferien lesen will. Meinem 7-jährigen Bruder Lukas fällt ein, dass er noch einen Fußball, eine alte Schippe und seinen neuen Lenkdrachen mitnehmen will. Die Koffer sind auch noch nicht gepackt. So wird es Mittag, bis wir im Auto sitzen. Als wir fünf Minuten gefahren sind und fast die Autobahnauffahrt erreicht haben, fällt Mutti ein, dass sie ihre Sonnenbrille und ihren Föhn vergessen hat. So fahren wir noch einmal zurück. Weil die Autobahn leer ist, sind wir trotzdem am Spätnachmittag an unserem Urlaubsort an der Ostsee.

Seite 12

Aufgabe 4–5

der Ferientag, die Ostsee, der Sonnentag, der Kaffeetisch, Lukas, der Wind, der Lenkdrachen, der Strand, der Ball, die Handballspielerin, die Schule, die Mannschaft, die Unterstufe

Aufgabe 6

bei dem Steg, an dem Strand, zu dem Hafen

Aufgabe 7

… der erste Ferientag an der Ostsee ist ein wunderschöner Sonnentag. … am (an dem) Kaffeetisch, … ein wenig Wind … an den Strand. … eine tolle Handballspielerin. … in der Mannschaft der Unterstufe …

Seite 13

Aufgabe 8

mit einem tollen Lenkdrachen   der wunderschöne Ferientag
eine direkt am Strand gebaute riesengroße Sandburg
der erste Ferientag   an dem nahe gelegenen Strand

Aufgabe 9

der letzte Strandkorb, eine lange Promenade, seine weiße Muschel, ihr roter Ball, mein erster Spaziergang, diese Brücke, die große weiße Möwe, fünf Tage

Aufgabe 10

Artikel	Pronomen	Numerale	Adjektiv
der ein (an) den (mit) einem eine	mein unser sein ihr	erste fünf letzter	wunderschön, wenig, schön, toll, schwach, nahe riesengroß,lange, weiß, rot, groß

Seite 14

Aufgabe 11

Trennung, Freundlichkeit, Freundschaft, Erlebnis, Ereignis, Trockenheit, Bereitschaft, Beratung, Berater, Lenkung, Lenker, Entdecker, Entdeckung, Trocknung, Trockner

Aufgabe 12–13

der Strandwärter, die Trockenheit, das Wasser, die Bewässerung, der Eisverkäufer, der Regen, die Düne, die Steine, die Hast, die Welle

Seite 15

Aufgabe 14

beim Betreten, auf Verlangen, das Reiten, das Betreten, das Mitführen, Radfahren, Spielen, Lagern

Seite 16

Aufgabe 15

das Werfen, beim Betreten, (das) Laufen, das Springen, das Spritzen, das Reiten

Aufgabe 16

dieses ewige Wandern, langes Herumliegen, jegliches Abstellen, das sofortige Abschleppen, durch das vorübergehende Abstellen

Seite 17

Aufgabe 17

das blöde Werfen, das schnelle Laufen (schnelles Laufen), das blöde Spritzen

Aufgabe 19

beim schnellen Laufen, zieht Tina, es will nicht steigen, sehr zum Lachen, beim Buddeln, einen Bernstein fand

Seite 18

Aufgabe 20

mit dem Rennen, zum Lesen, zum Zeitunglesen, das Betreten, das Radfahren, das Reiten oder das Zelten

Aufgabe 21

Frau Krüger parkt, beim Einparken, das dauernde Herumlaufen, im Wasser laufen, beim plötzlichen Tauchen, wollen die Kinder tauchen, das Bezahlen, muss man … bezahlen

Seite 19

Aufgabe 22–23

Großschreibung nach einem Artikel: die Gute, die Böse, (mit) den Faulen, das Neueste, die Kluge
Großschreibung nach einer Mengenangabe: alles Gute
Kleinschreibung: das flotte Leben, die verlorenen Paradiese, der dünne Mann, der gefährlichste Mann, die zarte Lady, kleine Pute, die kleine Vera, der tollkühne Reiter

Seite 20

Aufgabe 24

Z.B.: Sie erfährt wenig Neues. Sie hören mancherlei Seltsames. Wir erleben allerlei Schönes. Die Sache hat mancherlei Gutes. Ich wünsche Ihnen alles Liebe. Tanja schreibt etwas Interessantes. Die Schülerin lernt etwas Wichtiges.

Aufgabe 25

Mia ist die Schnellste beim Schwimmen. Die Großen trinken eine Tasse Tee, die Kleinen ein Glas Sprudel. Den Schönsten (aller Drachen) hat Peter. Der Rote steigt und steigt.

Seite 21

Aufgabe 26

Herr Meistermann genießt das Ausruhen in seiner Sandburg. Er ahnt nichts Böses. Der überarbeitete Vater ist so müde, dass er das laute Rufen, das emsige Spielen und unermüdliche Buddeln seiner Sprösslinge nicht bemerkt. Die drei Kinder haben inzwischen viel Schönes gebaut. Das eifrige Arbeiten im Sand zeigt schließlich tolle Erfolge. Wenn die Flut kommt, muss sich Herr Meistermann auf etwas Überraschendes gefasst machen.

Seite 22

Aufgabe 27

Schützen Sie diese wertvolle Natur. Betreten Sie den eingezäunten Bereich nicht und nehmen Sie Ihren Hund an die Leine.

Aufgabe 28

Lassen Sie Ihre Kinder nicht in den Dünen spielen. Wir wünschen Ihnen einen angenehmen und erholsamen Aufenthalt. Bitte beachten Sie: Wenn Sie Ihren Hund dabei haben möchten, so suchen Sie bitte den eigens dafür eingerichteten Hundestrand auf. Achten Sie beim Verlassen des Strandes auf Ihre Sachen. Bitte werfen Sie Ihre Abfälle in die Container. Führen Sie Ihren Hund in den Parkanlagen bitte an der Leine.

Seite 23

Aufgabe 29

Liebe Frau Seidel,
aus unserem Urlaub sende ich Ihnen herzliche Grüße. Schade, dass Sie nicht hier sein können. Es gibt viel zu entdecken. Gestern haben wir eine Tagesfahrt zur Insel Rügen gemacht. Das hätte Ihnen sicher auch gefallen. Grüßen Sie auch Ihren Mann. Für Sie aber ganz besonders liebe Grüße von Ihrer Tina

Aufgabe 30

... sende ich dir ..., ... dass du ..., ... hätte dir ..., Grüße auch deine Mutter, Für dich ... von deiner ...

Seite 24

Aufgabe 31

Liebe Frau Borgmeier,
ich möchte Ihnen noch unbedingt etwas Lustiges schreiben. An einem schönen Sonnentag unserer Ferien sind wir am Strand spazieren gegangen. Ich hatte zum Spielen meinen Ball mitgenommen. Papa sagte: „Die Wellen treiben das Wasser an den Strand. Gib mir doch mal deinen Ball!" Ich gab ihm den Ball und Papa warf ihn weit ins Wasser. Sicher können Sie sich vorstellen, wie entsetzt ich geguckt habe. Papa sagte nur: „Die Wellen treiben den Ball schon wieder ans Ufer; warte nur ab." Wir warteten einige Minuten, einige Leute schauten bereits gespannt zu. Aber der Ball kam nicht wieder, im Gegenteil: Er wurde immer weiter hinausgetrieben. Papa zog sich ganz schnell seine Schuhe und Strümpfe aus, aber es war schon zu spät. Der Ball war schon in tiefem Wasser. Einige Leute am Strand fingen an zu lachen, aber mir, das können Sie sich ja denken, war gar nicht zum Lachen zumute. „Sei nicht traurig", sagte Papa, „du bekommst einen neuen Ball. Es tut mir Leid." Und am Nachmittag hat Papa sein Versprechen gehalten und einen neuen Ball gekauft. Papa sagte noch: „Dein alter Ball kann bestimmt etwas Spannendes erzählen." Und das wollte ich Ihnen noch erzählen. Es grüßt Sie herzlich
Ihre Anna Krüger

Seite 25

Aufgabe 2

[l] sprach, Aal, letztes Mal, Wahl, groß, Saal, Wal, Qual
[k] sprach, Robbe, Tonne, hätte, Sonne, wäre, Wonne

Aufgabe 3

Deshalb gibt es kein Wort ohne Vokal.

Seite 26

Aufgabe 4

langer Vokal: Gase, Mut, Kahn, raten, Kehle, Fuder, Wal, Schal, Ton, Beet, lahm, fühlen, Sohn

kurzer betonter Vokal: Gasse, Mutter, Kanne, Ratten, Kelle, Futter, Wall, Schall, Tonne, Bett, Lamm, füllen, Sonne

Seite 27

Aufgabe 5–7

Wörter ohne Längezeichen: Tor, vor, große, immerzu, tut, da, der, sprach, Mal, Qual, Gase, Mut, raten, Fuder, Wal, Schal, Ton

Wörter mit h: Mohr, Kuh, Schuh, Ruh, Zeh, weh, Wahl, Kahn, Kehle, lahm, fühlen, Sohn

Wörter mit Vokalverdopplung: Zoo, Fee, See, Aal, Saal, Beet

Seite 28

Aufgabe 9

„Kuckuckseier": Dachs, Birke, Qualle

Aufgabe 10

Tal – Mal – Wal, Fuß – Gruß – Ruß, Wut – Hut – Mut, Löwe – Möwe, leben – weben, haben – laben, sagen – wagen

Aufgabe 11.

Wahl – kahl – kühl – Kohl – Wohl, Bohne – Bühne – Sühne – Söhne – Sahne

Seite 29

Aufgabe 12

Lehne, Söhne, Hühner

Aufgabe 13

flieh|en	ich fliehe	du fliehst	er flieht
dreh|en	ich drehe	du drehst	er dreht
blüh|en	ich blühe	du blühst	er blüht
mäh|en	ich mähe	du mähst	er mäht
steh|en	ich stehe	du stehst	er steht
kräh|en	ich krähe	du krähst	er kräht
ruh|en	ich ruhe	du ruhst	er ruht

Aufgabe 14

sehen – sie sah – sie sahen, flehen – er flehte – sie flehten, krähen – sie krähte – sie krähten

Seite 30

Aufgabe 15

Teerstraße, Schneeflocke, Teekanne, Saatgut, Seepferdchen, Märchenfee, Haupthaar, Stachelbeere

Aufgabe 16

Seele, leer, Beet, See, Beere, Meer, Schnee
Haar, Saal, Saat, Staat, Paar
doof, Boot, Moos, Moor, Zoo

Aufgabe 17

Klee – Tee – Schnee, Meer – Teer – Heer, entleeren – verheeren, Haar – Paar

Seite 31

Aufgabe 18

b; a; a; b; a; b; b;

Aufgabe 19

Z.B.: Bote – Postbote, Urzeit – Urgestein, ...

Aufgabe 20

fuhr, lagen, sprach, stubenrein, mögen, Möwen, während, Löwen, Schuhe, damit, sah

Seite 32

Aufgabe 21–23

Wörter mit i: mir, dir, Biber, Bibel, wir, mir, Rosine, Tiger, Maschine

Wörter mit ih: ihr, ihm

Wörter mit ieh: flieht, sieht, Vieh, stiehlt
Wörter mit ie: Wiesel, Kiesel, Bachgeriesel, verriet, raffinierte, Tier

Seite 33

Aufgabe 24

Nomen / Substantiv: die Riesen, die Wiesen, die Riesennasen, das Riesenniesen, die Wieselkinder
Verb: er niest, er lief, er schlief, er rief
Numerale (Zahlwort): sieben

Aufgabe 25

viel – Ziel, Liebe – Hiebe, Tier – vier, Wiese – Riese

Aufgabe 26

telefonieren, radieren, kopieren, verlieren, marschieren, frisieren, produzieren, multiplizieren

Seite 34

Aufgabe 27

mir, dir, wir

Aufgabe 28

Violine, Benzin, Praline, Vitamine, Routine, Apfelsine

Aufgabe 29

widersprechen, Widersprüche, wiederholen, wiederkommen, wieder, Wiedersehen, widersinnig

Seite 35

Aufgabe 30

wiederholen, widerrechtlich, Widerhaken, Wiedervereinigung, widerrufen, widerwillig, widerlegen, Wiederverkauf, Widerwille, widerhallen, widerspiegeln

Aufgabe 31

ihr, ihm, ihre(n)

Aufgabe 32

du fliehst, sie zieht, es geschieht, du befiehlst

Seite 36

Aufgabe 33

dir, widersprechen, ihm, ihr, Vieh, flieht, ihnen, Riese, niest, ziemlich, Maschine, wieder, widersprechen

Aufgabe 34

wiederkehren, Apfelsine, Vieh, Biber, Tiger, sieht, Widerspruch

Seite 37

Aufgabe 1–2

dass, einsammeln, immer, kommt, können, retten, Spätsommer, trennen, Unwissen, wollen

Aufgabe 3

Tonne – Sonne – Wonne, Wanne – Kanne – Tanne, pennen – rennen – nennen, wollen – sollen – tollen

Seite 38

Aufgabe 4

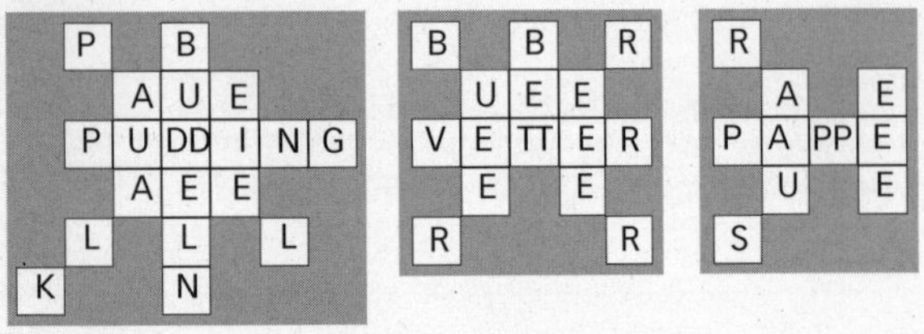

Aufgabe 5

Z. B.: Bett – betten, Butter – buttern, Retter – retten

Aufgabe 6

Z. B.: verfallen – fällig – Verfallsdatum, offen – Öffnung – öffentlich – Offenheit, kommen – gekommen – willkommen – ankommen

Seite 39

Aufgabe 7

Mittagessen, Tanne, Sommerferien, Badewanne, rennen

Aufgabe 8

pennen, rennen, stammeln, sammeln, spinnen, besinnen

Aufgabe 9

müssen, besser, entlassen, lassen, gewissenhaft, Fressen

Seite 40

Aufgabe 10

krank, manchmal uns, gesund, vorhandene, feststellen, behandeln, verordnet, Medikamente, richtig, wichtig

Aufgabe 11–12

Alter – bunt – Elefant – Fenster – Gesundheit – Herbst – herunter – Hund – Kinder – krank – Land – rutschen – unten – Wand – Winter – Wunde – Zelt

Aufgabe 13

knallen – sie knallen, rennen – sie rennen, müssen – sie müssen, hassen – sie hassen, lassen – sie lassen

Aufgabe 14

essbar – essen, hässlich – hassen, Gewissheit – wissen, Fressgier – fressen

Seite 41

Aufgabe 15–16

Verdopplung des folgenden Konsonanten:
dass, überlassen, könne, stimmte, Besitzer, immer, spitzen, jetzt, erkannte, hatte, verlassen, wenn, willst, kannst, gefällt
keine Verdopplung des folgenden Konsonanten:
Maulwurf, merkte, kälter, wurde, und, Winter, ob, in, Plätzchen, als, Gast, jedoch, des, machte, sich, darin, an, Stacheln, lachte, möchte, deshalb

Seite 42

Aufgabe 17–18

geschrieben k: denken, krank
geschrieben ck: verlockt, entdeckt, Schreck, entwickeln
geschrieben z: Tierarzt, kurz
geschrieben tz: sichtgeschützt, letztlich

Seite 43

Aufgabe 19

Z. B.: Gedeck – verdecken – bedecken – Deckblatt – Deckung, Gesetz – besetzen – besetzbar – ansetzen – versetzen – gesetzlich – ersetzen – versetzbar …

Aufgabe 20

Z. B.: dreckig, Drücker, Versteck, Bäcker, einsacken, Spatzennest, Blitz, Hetze, Witze, erhitzen

Aufgabe 21

denken, krank, Tierarzt, kurz

Seite 44

Aufgabe 22

Blinkanlagen, duzen, Harke, heizen, Herz, hinken, Krankheit, links, März, Pauke, Pflanze, Schmerz, Schnauze, Schrankwand, Schwanz, stolz, tanken, zwanzig, wirklich

Aufgabe 23

a) stecken, stecken, Rückenmuskulatur, senken, Nackenstacheln, Kreuzotter, blitzschnell,

b) Platz, nutzen, Schmerzen, Spitzen, kurz, verletzt, Tierarzt, Kürzen, berücksichtigen

Seite 45

Aufgabe 1

Samstage, Menschenansammlungen, lange, stülpen, das geklärte Problem, die beheimateten Tiere

Aufgabe 2

Deich, Gasse, Kasse (Geldkasten), Pass (Ausweis), Bass, Seide, Seite (Seite eines Buches), Ende, Ente (Tier), Dorf, Torf (Brennmaterial), Greis (alter Mann), Kreis, pellen (Kartoffeln), bellen (Hund)

Seite 46

Aufgabe 3

Reptil, Obhut

Aufgabe 4

mag: kommt von mögen

Aufgabe 5

bleibt – bleiben, gibt – geben, gehupt – hupen, tobt – toben, hebt – heben, schiebt – schieben

Aufgabe 6

gelb – Auftrieb – Prinzip – Maßstab – lieb – Weib – Korb – Lump – Kalb – Typ – Goldstaub – Mikroskop – Urlaub – Wettbewerb – Stab – Betrieb

Seite 47

Aufgabe 7

Rand – Ränder, Berg – Berge, Krug – Krüge, Hund – Hunde, herb – herber, bunt – bunter, lang – länger, rot – rote, krank – erkranken

Aufgabe 8

er schreibt – schreiben, der Staub – stauben, sie hupt – hupen, klug – klüger, die Bergspitze – die Berge, merkwürdig – merken, Schuld – schuldig, deutlich – deuten, haltbar – halten, Rad – radeln, Rat – raten, rund – runden, Buntpapier – buntes Papier, Leitplanke – leiten

Aufgabe 9

Angst, Behauptung, Erbse, Gips, Hengst, Herbst, Knirps, Krebs, Publikum, Rebhuhn, Schlips, September, sind, Smog, weg

Seite 48

Aufgabe 10

a) Zeit, Sandsturm, dort, Begrüßung, Wind, Tage, Sand, Land, Sandkuppe, Hut, Hut, aufheben, Hut, Sand, Augen, Mund, endlich, Luft, holt, Pferde

b) König, belagerte, Burg, Feind, Herzog, Soldaten, Königs, Burg, König, Bestrafung, erlaubte, großzügig, Abzug, Burg, Burg, Gefolgsleute, Königs, verhindern, glaubten, Abmachung, König, Wort, listigen

c) Rebstock, emporrankte, hungrig, stand, sagte, saftig, gierig, sprang, Rebstock, gelang, unermüdlich, sprang, stieß, Mauervorsprung, kriegte, endlich, vergeblich, sagte, ging

Seite 49

Aufgabe 1

Reise, sang, Meise, Weise, leise

Aufgabe 2

sieben, süße, Wiesel, selig, Sand, sonnen, sich, sehen, sie, sehr, sausen, zusammen, Felsen, sitzen, sie, sehen, Nieselregen

Aufgabe 3

Ameisen, reisen, weise, Reise

Aufgabe 4

Der gesummt ausgesprochene s-Laut wird immer mit einfachem s geschrieben.

Seite 50

Aufgabe 5

gelöst – lösen, verreist – reisen, Haustür – hausen/Häuser

Aufgabe 6

die Gräser, reisen, die Preise, lösen, die Rose, blasen, gläsern

Aufgabe 7

rasen – du rast – sie raste – die Raserei
lösen – du löst – sie löste – die Lösung
lesen – du liest – sie las – die Lesung
reisen – du reist – sie reiste – die Reise
entgleisen – du entgleist – sie entgleiste – die Entgleisung

Seite 51

Aufgabe 8–9

Flöße, Größe, reißenden, Flößer, verdrießen, genießen, Spaß

Aufgabe 10

der Fuß – die Füße, das Maß – die Maße, die Straße – die Straßen, der Kloß – die Klöße, der Gruß – die Grüße, der Spieß – die Spieße, der Strauß – die Sträuße

Aufgabe 11

grüßen – büßen, heißen – beißen, groß – Floß, mäßig – gefräßig

Seite 52

Aufgabe 12–13

Fluss, muss, Schloss, Tross, Flüssen, Prinzessin, küssen, muss, Schluss, Kuss

Aufgabe 14

a) müssen – ich muss – du musst, hassen – ich hasse – du hasst, lassen – ich lasse – du lässt, küssen – ich küsse – du küsst, essen – ich esse – du isst

b) das Fass – die Fässer, der Fluss – die Flüsse, der Pass – die Pässe, der Schuss – die Schüsse, die Nuss – die Nüsse, der Kuss – die Küsse

Seite 53

Aufgabe 15

Z. B.: genießen – Genuss – genoss, wissen – wusste – weiß – Gewissen, lassen – ließ – er lässt, gießen – er goss – begossen, das Schloss – schließen – schlossen, er beißt – er biss – der Biss

Aufgabe 16

ich verlasse – ich verließ, er fließt – er floss, sie messen – sie maßen

Aufgabe 17

lässt, anfasst, frisst, passt, passt

Seite 54

Aufgabe 18

a) lässt, außerdem, muss

b) rast, nasse Straße, zerreißt, Schuss, rast, reißt, stößt, muss, verlassen, schießt, Fuß, Fluss, eingekreist, schmeißt, reißt, schließlich, muss, lassen, weiß, Schloss, muss

c) maßlose, Fressmonster, gegessen, beißende, rasend, hasste, maßloses, Fressen, genießen, musste, Lieblingsessen, vergessen, Heißhunger, äußerste, große, Klöße, Grieß, Fleischspieße, Essigsoße, riesige, Nusstorten, Schokoladenguss,

Zuckerwasser, Brausepulver, fraß, fraß, Heißhunger, Schluss, Fresschlacht, Esszimmer, verlassen, ließ, emsig,Füße

d) Riesen, niesen, Riesen, bloßen, Füßen, nasse, Wiesen, niesten, Riesennasen, dass, diesem, Riesenniesen, sieben, Wieselkinder, Gesundheit

Seite 55

Aufgabe 1

Man spricht f, aber man schreibt v, pf und f.

Aufgabe 2

Z. B.: Fünf Pfirsiche fliegen verzweifelt in die Pfanne.

Seite 56

Aufgabe 3

Pferd – der Pferdewagen – das Seepferdchen
empfehlen – die Empfehlung – die empfohlene Schokolade
finden – der Fund – der Findling – erfinden

Aufgabe 4

er fand (etwas finden), Pfand (Bürgschaft), die Flocke (eine Schneeflocke), der Pflock (Stab, der in die Erde gerammt wird), der Flug (Flugzeug), der Pflug (landwirtschaftliches Gerät), der Fund (etwas Gefundenes), das Pfund (Maßeinheit), der Flaum (leichte Behaarung), die Pflaume (Obst), er fährt (fahren), das Pferd (Tier)

Aufgabe 5

sumpfig, stopfen, dampfen, stampfen, klopfen, dumpfer, Wipfel, Rumpf, Knopf, Klopfer, Sumpf, Strumpf, Dampfer, Gipfel, Zipfel, opfern, verstopfen

Seite 57

Aufgabe 6

verkehren, vergessen, Versprechen, verbringen
vorsichtig, vorsprechen, vorkehren, vorbringen
Vollkornbrot, volljährig, vollbringen
viel sagend, vieldeutig, Vielfraß

Aufgabe 7

Viehfutter, Vereinskasse, Völkerball, Volkssport, Ratsversammlung, Gerichtsverhandlung, Verkehrspolizist

Aufgabe 8

Vagabund, Ventil, Visage, Vampir, Volleyball, Vulkan, Vase, Vanille

Seite 58

Aufgabe 9

Es gibt Wörter, die werden mit 'w' oder 'f' ausgesprochen, aber mit 'v' geschrieben.

Aufgabe 10

wie f ausgesprochen: Vollmond, Veilchen, Vetter
wie w ausgesprochen: Klavier, Jagdrevier, Villa, Vase, Pavian

Aufgabe 11

Vetter, Freundin, völlig, fertig, vorigen, Freitag, fleißig, Verse, Klassenfeier, anfertigen, fielen, allzuviele, Verse, verwirrten, Freunde, fanden, vorgestern, vernünftigen, Anfang, Fehlt, vielleicht, Fantasie, Verseschmieden, viel, fragt, völlig, entnervt, Vater, viel sagend, völlig, fällt, Vernünftiges, vielleicht, fangt, von, vorne

Seite 59

Aufgabe 1

Faxen, feixt, Nixe, boxt, Hexe, Mixtur, taxiert, Hexe, Text

Aufgabe 2

x im Wortinnern: die Faxen, kraxeln, das Textil, existieren, boxen, extrem, das Exempel, das Examen, das Lexikon, die Praxis, der Exot
x am Wortende: die Box, das Fax, fix, lax

Seite 60

Aufgabe 3

Mixer, extrem, flexibel, Experiment, Luxus, Explosion, kraxeln

Aufgabe 4

der Export, extern, das Exil, extra, das Examen, exerzieren, die Existenz, der Exot

Aufgabe 5

Z. B.: exportieren, existieren, expandieren, der Exodus, der Expander

Seite 61

Aufgabe 6–7

x: Haxen, extrem, fix / *chs:* Ochse, Luchs, Fuchs, Frechdachs
gs: Nachmittags, unterwegs, flugs, keineswegs / *ks:* links

Aufgabe 8

anfangs – anfangen, rings – Ringe, nachmittags – die Nachmittage, tagsüber – am Tage, Knicks – einknicken, Häcksel – hacken, längs – der Länge nach

Aufgabe 9

Z. B.: wachsen – es wächst – das Gewächs,
ängstlich – Angsthase – verängstigt

Seite 62

Aufgabe 1

Hände – Hand, ärmste – arm, Ästen – Ast

Aufgabe 2–3

Wörter mit e: selten, fett, Kette, fertig
Wörter mit ä: Kälte, kälter, länger, Ärmel, entkräftet, jährlich, Täter
Ableitung mit a: kalt, lang, Arm, Kraft, Jahr, Tat

Seite 63

Aufgabe 4

er lässt – lassen, verjährt – das Jahr, ärgerlich – eine arge Sache, kräftig – die Kraft, er verfährt sich – sich verfahren, Stärke – stark, sich betätigen – die Tat, zähmen – zahm, Kälbchen – das Kalb, städtisch – die Stadt, spärlich – sparsam, lässig – viele Dinge zulassen, gefährlich – die Gefahr, ändern – eine Sache anders machen, erklären – etwas klarmachen, quälen – die Qual, zählen – die Zahl

Aufgabe 5

raten – du rätst – er rät, fahren – du fährst – er fährt

Aufgabe 6

Sängerin – Gesänge – Sänger

Aufgabe 7

Man kann diese Wörter in der Schreibung nicht von Wörtern mit Stammvokal a ableiten.

Seite 64

Aufgabe 8

verträumt, versäumt, einzuräumen, versäumen

Aufgabe 9

Z. B.: träumen – der Traum – träumerisch
versäumen – das Versäumnis – saumselig
einräumen – der Raum – die eingeräumte Frist

Aufgabe 10

Z. B.: Käufer – verkäuflich – käuflich – Verkäuferin

Aufgabe 11

Bäume – Baum, träumerisch – Traum, Häute – Haut, bäuerlich – Bauer, aufhäufen – Haufen, Säure – sauer

Aufgabe 12

bläulich (blau), heute, säuberlich (sauber), Beute, Räume (Raum), Feuer, Zäune (Zaun), häufig (Haufen)

Seite 65

Aufgabe 13

Nomen (Substantive): Feuer, Scheune, Zäune, Zeuge, Reue, Beute, Leute, Geräusche, Verkäufer, Räume, Bäuerin, Bäume
Verben: deuten, sich freuen, täuschen, räuchern, säubern
Adjektive: deutsch, freundlich, neu, neugierig, teuer, häufig, säuberlich, verkäuflich, geräumig

Aufgabe 15

z. B. täuschen

Seite 66

Aufgabe 1–2

das Buch (**A**rtikel), das Buch (**A**rtikel), Das … (**D**emonstrativpronomen), das Buch (**A**rtikel), das … (**R**elativpronomen), das Heftchen (**A**rtikel), das … (**R**elativpronomen), Genau, das … (**D**emonstrativpronomen), Aber das … (**D**emonstrativpronomen), … das genau? (**D**emonstrativpronomen), das weiß … (**D**emonstrativpronomen), Das Heft (**A**rtikel), … das auch … (**D**emonstrativpronomen)

Aufgabe 3

Das Phantom, welches (Relativpronomen)
aus dem Weltraum kam.
Dieses (Demonstrativpronomen)
war so wunderschön im Monat Mai.
Dieses (Demonstrativpronomen) gab's nur einmal!
Das Mädchen, welches (Relativpronomen) so schön war.

Seite 67

Aufgabe 4–5

Kim: Weißt du schon, dass wir morgen frei haben?
Pascal: Woher weißt du denn, dass es kein Gerücht ist?
Kim: Ich glaube jedenfalls, dass es stimmt. Der SV-Sprecher meinte eben auch, dass morgen kein Unterricht ist.
Pascal: Und ich hoffe sehr, dass du Recht hast!
Kim: Dass du mal wieder hinterm Mond bist, wirst du ja gleich erfahren.

Aufgabe 6

Ich freue mich, dass du kommst.
Dass du kommst, freut mich.
Wir hoffen sehr, dass du lange bei uns bleibst.
Dass du lange bei uns bleibst, hoffen wir sehr.
Es macht mich traurig, dass ich Abschied nehmen muss.
Dass ich Abschied nehmen muss, macht mich traurig.
Uns ist klar, dass du nicht gerne gehst.
Dass du nicht gerne gehst, ist uns klar.

Seite 68

Aufgabe 7

Wenn du dieses, jenes, welches einsetzen kannst, wird das geschrieben.
Wenn du die Ersatzwörter nicht einsetzen kannst, wird dass geschrieben.

Aufgabe 8

a) Das war Glück (**D**emonstrativpronomen)
glaubt offenbar, dass (**K**onjunktion) er …/ Das (**D**emonstrativpronomen) wollte er …/ Das (**D**emonstrativpronomen) hätte schlimme …/… das (**A**rtikel) Glück gepachtet/ … auf dem weichen Rasen, dass (**K**onjunktion) …/ …erfuhr, dass (**K**onjunktion) / Das (**D**emonstrativpronomen) hatte dem Jungen …, und das … (**D**emonstrativpronomen)

b) Das war filmreif (**D**emonstrativpronomen)
bewies, dass (**K**onjunktion), bemerkte dass (**K**onjunktion), lenkte das Mädchen (**A**rtikel) / das sei … (**D**emonstrativpronomen) / das Auto (**A**rtikel) / das Mädchen (**A**rtikel) / dass das Auto (**K**onjunktion, **A**rtikel) / das Gefährt (**A**rtikel) / … wurde bekannt, dass (**K**onjunktion)

Seite 69

Aufgabe 1–4

Sonja meint: „Heute ist ein prima Wetter."
Mia fragt ihre Freundin: „Eva, kommst du mit?"
Lars bittet Kai: „Leih mir mal dein Fahrrad!"

Seite 70

Aufgabe 5

„Heute ist ein prima Wetter", meint Sonja.
„Eva kommst du mit?", fragt Mia ihre Freundin.
„Leih mir mal dein Fahrrad!", bittet Lars Kai.

„Heute", meint Sonja, „ist ein prima Wetter."
„Eva", fragt Mia ihre Freundin, „kommst du mit?"
„Leih mir mal", bittet Lars Kai, „dein Fahrrad!"

Aufgabe 6

____________: „____________!"
„____________", ________, „____________."
„____________?", ____________.
„____________!", ____________.

Seite 71

Aufgabe 7

a) Die beiden Flöhe
Zwei Flöhe, die keine Arbeit haben, treffen sich auf der Straße: „Ich möchte wenigstens einmal ein paar hundert Euro im Lotto gewinnen", sagt der erste.
„Und was machst du dann mit dem Geld?", fragt der andere.
Darauf erwidert der erste Floh: „Dann kaufe ich mir einen Hund, ganz für mich allein."

b) Der Papagei
Der Verkäufer in der Tierhandlung preist auf folgende Weise einen hübschen Papagei an:
„Sehen Sie, gnädige Frau, wenn sie an dem Kettchen am rechten Bein ziehen, dann wünscht der Papagei Ihnen ‚Guten Tag'. Ziehen Sie aber am Kettchen vom linken Bein, dann sagt das gute Tier ‚Auf Wiedersehen'. Ist doch toll, nicht?"
„Das ist wirklich ganz fantastisch", sagt die Dame, „ich weiß jetzt nur noch nicht, was passiert, wenn ich an beiden ziehe." „Dann fall ich auf die Schnauze", krächzt daraufhin der Papagei.

c) Nicht mehr neu?
Ein Mann kommt zum Zirkusdirektor und sagt selbstbewusst: „Herr Direktor, ich würde gern beim Zirkus arbeiten, denn ich kann sehr gut Vögel nachmachen."

Der Zirkusdirektor winkt müde ab und meint nur: „Junger Mann, die Nummer ist nun wirklich nicht mehr neu."
„Na schön", meint daraufhin der Mann, „dann eben nicht!"
Und mit diesen Worten fliegt er aus dem Fenster.

Seite 72

Aufgabe 1–2

Flohmarkt
Auf dem Dorffest gibt es viele Attraktionen zu sehen: Karussells, eine Jugendtanzgruppe und eine Blaskapelle. Vor dem Rathaus dürfen die Kinder aktiv werden. Auch Annika, Jochen und Mareike machen mit.
Die Kinder organisieren einen Flohmarkt. Sie bauen ihre Stände auf, breiten auf dem Rasen ihre Decken aus und bieten alle möglichen Dinge zum Verkauf an.

Aufgabe 3

Flohmärkte finden am Donnerstag, am Freitag und am Sonntag statt. In diesem Jahr gibt es beim Schulfest, bei der Jubiläumsfeier und bei der Kirmes einen Flohmarkt.

Seite 73

Aufgabe 4

Z. B.: Er weiß noch nicht, ob er den Teddy, die Puppe, den Roller oder das Auto kaufen soll.
Er wünscht sich eine Eisenbahn, Bücher und Comics.
Er sucht noch nach Videos, Kassetten und Autos.
Doris dagegen entscheidet sich sofort für zwei Puppen, den Schirm, die Trommel und die Mundharmonika.

Aufgabe 5

Faulenzen (Josef Reding)
Manchmal möchte man faulenzen wie ein Gulli im Sonnenschein, wie ein Rasenmäher im Winter, wie eine Nachttischlampe am Tag.

Seite 74

Aufgabe 6

Wenn ich, Komma,
die Sätze nicht gliedern würde,
könnte man sie gar nicht verstehen.
Ach, du Großhans,
du willst mehr sein als ein Fragezeichen?

Aufgabe 7

Annika, Peters Freundin, erweist sich auf dem Flohmarkt als eine richtige Verkaufskanone. Den Teddybär, ein Geschenk von früher, verkaufte sie im Handumdrehen. Peter, ganz glücklich, weiß schon, was er mit dem Erlös anfängt.

Aufgabe 8

Hallo, schauen Sie doch mal her!
Kannst du nicht eine schöne Eisenbahn gebrauchen, Dennis?
Annika, hilf mir doch mal eben beim Einpacken!
Du bist heute wirklich Spitze, Pia!

Seite 75

Aufgabe 9

Das Wetter spielt mit, die Kinder verkaufen ihre Sachen und die Kasse stimmt. Peter sorgt für interessierte Käufer, Annika führt die Verkaufsverhandlungen und Mareike packt die Sachen ein. Peter will noch Karussell fahren, aber Mareike und Annika wollen so schnell wie möglich nach Hause. War nun die Flohmarkt-Aktion ein Reinfall, war es ein Erfolg oder war der Verkauf mittelmäßig?

Aufgabe 10

Einige Bücher sind übrig geblieben, die Malhefte wurden verkauft. Die Murmeln waren schnell weg, denn alle wollten welche haben. Annika hat nicht mit so vielen Käufern gerechnet, aber im nächsten Jahr bringt sie noch mehr Sachen mit. Mareike ist ganz begeistert und sie will unbedingt wieder mitmachen.

Seite 76

Aufgabe 11–12

Sven ist es zu Hause so langweilig, dass er noch zum Flohmarkt geht. Als Sven ankommt, sind Peter und Mareike schon weggegangen. Sven, der jetzt enttäuscht ist, bummelt noch ein wenig auf der Kirmes herum.

Aufgabe 13

Nachdem Sven eine halbe Stunde auf der Kirmes herumgelaufen ist, trifft er seinen Freund Peter. Peter, der sich wie ein Krösus vorkommt, gibt Sven ein Eis aus. Als die beiden nach Hause gehen wollen, treffen sie auf Annika und Mareike. Mareike will nach ihrem Hausschlüssel suchen, den sie offenbar beim Flohmarkt verloren hat.

Seite 77

Aufgabe 14

a) Winterschlaf bei der Polizei
Ausgerechnet das Bonner Polizeipräsidium hatte sich ein Siebenschläfer zur Überwinterung ausgesucht: Polizisten stöberten ihn auf, als sie alte Unterlagen suchten. Das Tier hatte sich durch einen Aktenordner gefressen und mit den Schnipseln ein Lager gebaut. Das Tier wurde in das Bonner Naturkundemuseum gebracht, damit es dort unter fachgerechter Aufsicht seinen Winterschlaf fortsetzen kann.

b) Kleider zum Frühstück
Der 26-jährige Engländer Kevin James hat alle seine Kleider aufgegessen, weil ihm sein Frühstück in einer Untersuchungszelle der Ortspolizei nicht schmeckte. James verzehrte sein Hemd, seine Hose, seine Unterwäsche, seine Socken und sogar seine Schuhe. Als er als Nachspeise seine Krawatte verzehren wollte, schritten die Polizisten ein. Zu seinem Gerichtstermin kam James mit Verspätung, weil er nichts anzuziehen hatte. Er erschien schließlich in einem Polizei-Overall.

Seite 78

Aufgabe 1

Ur-laub, sen-de, Grü-ße, Wet-ter, gan-zen

Aufgabe 2

a) Hund, Sohn, matt, Ruß
b) A-bend, Kas-ten, Kat-ze, Schul-hof, E-feu, El-tern, U-fer, bei-ßen, ent-kom-men, ver-ges-sen, Ru-i-ne, Fa-mi-lie, ehr-lich, herz-lich, meis-tens

Aufgabe 3

Zu-cker, le-cker, bli-cken, ba-cken, la-chen, ma-chen, du-schen, herr-schen

Aufgabe 4

z. B.: le-cken, Bli-cke, Bä-cker, lä-cheln, Ma-cher, Du-sche, Herr-scher

P959161